JN213017

5人の予言者と

2025年からの恐怖の地球未来図

宇佐和通 著

笠間書院

まえがき

元気象庁予報官という肩書の著者が持論を発表し、日本中が大騒ぎになった1983年9月の富士山大噴火の予言。今も語り続けられているノストラダムスの「1999年7の月」の予言。そして、マヤ暦が終わる2012年に地球も終わりを迎えるという予言。

すべて大きな話題になったものばかりだが、幸いにしてどの予言も現実となることはないまま今日に至っている。筆者の記憶にきわめて強い印象と共に刻まれているのは、ここで紹介した3つの予言だけではない。そしてもちろん、記憶に残る予言者や言葉は人それぞれであるにちがいない。

SNS上での情報やYouTubeなどの動画サイトで公開されている情報にも、予言に関するものは多い。全体的に見ると、2025年という年が〝しきい値〟のような位置づけで語られているような気がする。予言的なニュアンスでいうなら、よかれあしかれ、これまでやってきたことの蓄積が具体的な現象として形を取り始め、これから先の世の中につながっていく流れの基盤ができる年ということになるだろうか。

筆者は、予言を軸にしながらこれまでの時代とこれからの時代のつなぎ目を俯瞰（ふかん）したくなった。

本書では、まず歴史に名を残す偉大な予言者5人について見ていく。生きた時代も国も違う予言者たちの脳裏で、何百年も先の時代の世界はどのような像を結んでいたのだろうか。

今の時代、インターネット・テクノロジーはありとあらゆる分野に及んでいる。予言という特異な分野も例外ではない。動画やブログを通して自らの言葉を発信する、今の時代に特に話題になっている予言者5人にも触れていく。

予言とポップカルチャー／サブカルチャーの間には密接な結びつきが感じられる。そのあたりを探っていくために、アニメとゲームという切り口からも予言を考えていく。また、精神的伝統としてゆるぎない価値観を示し続けているネイティブアメリカンの伝承、特にホピ族の予言にも触れていく。天文学的要素を盛り込んだ伝承が、2025年に起きる特定の現象を指し示している可能性が否めないという議論があるからだ。

そして、2025年以降の地球の状態に結び付いていく流れとして、筆者自身が気になっている予言的要素を紹介する。いずれもリアルな内容で、きざしのようなものが感じられる現象はすでに起きている。こうした現象のひとつひとつが、未来へ続くロードマップの核の部分を形成していくような気がしてならない。

不必要な形でスピリチュアリティに偏ることなく、また、過度に危機感を煽るだけにならないよう、事実と事実を結び付けていくプロセスを強く意識した。あとは読者のみなさんが、それぞれのフィルターを通して情報を取捨選択していただければと思っている。

目次

第2章

2人の大統領の死、そして自らの死期も予言したエドガー・ケイシー

第3章

関東大震災と2つの大戦を予言した 出口王仁三郎

第4章

ケネディ兄弟の暗殺を的中させた女性予言者 ジーン・ディクソン

第6章 未来を読み解く 今年注目したい5人の予言者

第7章 アニメ『ザ・シンプソンズ』に隠された予言

第8章

カードゲームが予言した数々の重大事件

第9章 太古から響く声　ホピ族の予言と未来

第10章

迫り来る新時代 2025年以降の世界像

第1章

ノストラダムスは第三次世界大戦を予言していた

ノストラダムスの数々の予言

アメリカで展開されている、さまざまなジャンルのランキングに特化したとあるサイトで「史上最も有名な予言者は誰だと思いますか」というアンケートが行われたことがある。結果は1位がイエス・キリスト、2位が使徒パウロ、3位がムハンマド、そして4位がミッシェル・ノストラダムスという並びだった。

1位から3位は宗教的な存在で、それぞれが預言＝神から与えられた言葉を広めるという役割を担(にな)わされた人々であるので、予言＝まだ起きていないことについて語る生身の人間という意味において最も有名であると認識されているのはノストラダムスということになる。人類史上最も知られていて、一定以上の信頼を置くことができる予言者というコンセンサスが確立しているようだ。

それだけではない。死後450年以上が経過しているにもかかわらず、予言の残響はますます強まっているといわざるを得ない。世界レベルで有名な予言者であることは前述のとおりなのだが、日本で長くブームのきっかけとなったのは、1973年に出版された『ノストラダムスの大予言』（五島勉(ごとうべん)著／祥伝社刊）だった。当時はテレビでもノストラダムスの予言を検証する番組が相次いで放送され、視聴率も高かった。

今も大きな影響力を発揮し続けているノストラダムスの予言の的中率は、どのくらいだったのだろうか。四行詩という特異な形式で記されている予言を集めた『予言集』の内容は文学作品に近く、解釈の範囲もきわめて広い。まずは、数多くの研究者たちによって〝確実に〟的中したと認識されているものを挙げておく。

◉ロンドン大火

「正義の人の血はロンドンで罪を犯し　23の雷で6人が焼かれる　老婦人は高位から転落し　同じ宗派の何人かが殺される」
（2世紀：51）

1666年、中心部のほとんどが焼き尽くされてしまうほどの大規模な火災がロンドンで起きた。とある試算によれば総損失額は約1000万ポンド（現在のレートで約21億円）と推定され、家屋や教会も含めて

数えきれないほどの建物が焼失した。この予言は、衝撃的かつ正確なものとして認識されている。

◉ナポレオンの台頭

「イタリアの近くに皇帝が誕生するだろう　皇帝は帝国に多大な犠牲を払うだろう　彼らは同盟国を見ると、彼は王子というよりは肉屋だと言うだろう」（1世紀：60）

この文章は、イタリア半島西方に位置するコルシカ島で生まれ、フランス皇帝となり、ヨーロッパ全土で数多くの戦争を引き起こしたナポレオン・ボナパルトを指す予言と考えられている。

◉フランス革命（1789-1799）

「奴隷化された民衆からは歌や詠唱要求が聞こえてくるが　王子や貴族は監獄に捕らわれている　これらは将来、頭のない愚か者たちによって神の祈りとして受け止められるだろう」（1世紀：14）

圧政に苦しむ庶民が王制に対して蜂起し、多くの貴族がギロチンで処刑されたフランス革命を予言したものと解釈されている。

◉ヒトラーの出現

「飢えで凶暴化した獣たちが川を泳ぎ渡り　地域の大部分がヒスターに抵抗し　その偉大なる者がヒスターを鉄の檻に引きずり込む　ドイツの子供は何も気づかないだろう」（2世紀：24）

ノストラダムスは、予言を説明しようとする試みを混乱させるため、既知の人物の名前をちりばめた言葉遊びめいた文章を書くことで知られていた。原文には〝ヒスター〟という言葉がちりばめられているが、これは〝ヒトラー〟と〝イスター〟を組み合わせたものと考えられている。イスターというのはドナウ川のラテン語名で、その河畔で彼が生まれたことが暗示されているという。

◉広島と長崎への原爆投下

「門の近くと2つの都市の中で　見たこともないような惨劇が起こるだろう　疫病のなかの飢饉　鋼鉄によって消し去られた人々　不滅の大いなる神に救済を叫び求める」（2世紀：6）

これは、広島と長崎への原爆投下に言及した予言であるといわれている。ただし、かなりの読み込みが重ねられた上で最終的に広島と長崎という具体的な地名が導き出

された事実を記しておかなければならない。

◉ジョン・F・ケネディ暗殺（1963）

「偉人は昼間に雷に打たれる　嘆願書を携えた者によって予言された悪行　予言によると、夜に別の人が倒れる　ランス、ロンドンで争い、トスカーナで疫病が蔓延」（1世紀：26）

偉人が昼間に打たれ、夜に別の人が倒れるという流れは、JFKが昼間暗殺され、その犯人とされたリー・ハーベイ・オズワルドが警察署で銃撃された事実を連想させる。夜に倒れる人は、JFKの弟ロバート・F・ケネディであるという解釈もある。

そして、筆者自身をはじめとする世界中の多くの人々に大きな衝撃を与えた予言の文章は、次のようなものだった。

「1999年7の月　空から恐怖の大王が来るだろう　アンゴルモアの大王を蘇らせ（よみがえらせ）マルスの前後に首尾よく支配するために」（10世紀：72）

内容に関しては、日本におけるノストラダムス予言の第一人者である五島氏をはじめとする多くの人々がさまざまな解釈を行った。空から降ってくる〝恐怖の大王〟に関する解釈も、核兵器であるとか、巨大隕石であるとか、あるいは未知のウイルスであるとか、かなりの幅があったのが事実だ。

『予言集』が生まれるまで

ノストラダムスの予言詩は解釈が困難だ。そして、前述のとおり解釈の幅がありすぎる。そのあたりを考えるとき、『予言集』が書かれた背景について知っておくべきことがあるはずだ。

15歳でアビニョン大学に入学したノストラダムスは、本格的に医学を学び始めた。ところが1年を過ぎたころ、疫病の蔓延で休学を余儀なくされてしまう。この間郊外で暮らしながら薬草の研究に没頭した。そういう生活を8年間続けた後、1529年、モンペリエ大学に入学して医学博士課程を再開した。

その後、医師として開業したノストラダムスはフランスとイタリアを旅しながら、多くのペスト患者の治療に当たった。プロヴァンス地方で特にめざましい成果を上げたノストラダムスは名医として認められ、多くの住民から経済的な支援を受けることになった。そして1531年、ジュール・セザール・スカリゲルという著名な学者から直々に招かれ、フランス南部のアジャンで暮らすようになった。この地で結婚して

2人の子どもをもうけたが、ペストが原因で妻子を失ってしまう。これは医師としてのノストラダムスにとっては致命的で、移住してからわずか3年後にアジャンを離れることになった。そのままイタリアとギリシャ、トルコまで巡る数年間の旅に出て、予言者としてのアイデンティティが決定づけられていく。

イタリア各地に建つ数多くの寺院を巡る旅を続けていたある日、彼はフランシスコ会の修道士のグループに出会った。そのうちの一人に何かを感じ取り、どうしても抑えきれなかったひと言を発してしまった。「あなたは、将来ローマ教皇になる人です」フェリーチェ・ペレッティというこの修道士は、1585年に教皇シクストゥス5世に叙任された。このエピソードの信ぴょう性について確かめる方法はないが、本当ならばこれがノストラダムスの最初の予言ということになる。

その後フランスに戻ったノストラダムスはペスト患者の治療を再開し、1547年に故郷のサロン・ド・プロヴァンスに定住し、アンヌ・ポンサルドという裕福な未亡人と結婚した。2人は3人の男の子と3人の女の子をもうけ、幸せな暮らしを送った。

1550年、ノストラダムスは占星術の情報と翌年の予言を記した暦を書いた。農民や商人にとって役立つ情報を提供し、地元の民間伝承や翌年の予言など多岐にわたる興味深い情報を網羅していたため、人気を集めた。ノストラダムスは、さらなる要素を盛り込む。自分が見た予言夢的なものの内容を詳しく書いたのだ。斬新な要素が加えられた『ノストラダムス暦』は大きな反響を呼び、フランス全土に名前が知られるようになり、さまざまな出版物の執筆のチャンスが増えることになった。

『予言集』がもたらしたもの

１５５０年代半ばまでに、ノストラダムスが瞑想（めいそう）や夢を通して得たビジョンは暦の不可欠な要素となった。そして次のステップとして、ビジョンの内容だけをまとめた書物を創ることを思い立った。これが、今も世界中の人々に読まれている予言書のベースとなる。書き始めた時点では、２０００年間に起きる出来事についての１００の予言を綴（つづ）った10巻セットの出版を計画していた。

壮大なプランが『予言集』というタイトルの本として形になったのは１５５５年だ。宗教的な迫害を受ける可能性を考慮したのか、文章の意味を曖昧にするために四行詩の形式をとり、ギリシャ・イタリア・ラテン・プロヴァンス語などの言語を混ぜて文

章を記すというトリッキーな執筆方法を用いた。ノストラダムスの予言詩にさまざまな解釈が可能である事実には、そういう背景がある。

こうした周到な準備があったからこそなのだろう。ローマ法王庁との関係も良好だった。異端審問が進められなかった理由は、魔術的なものの実践といった反キリスト的な行為についての記述が一切なかったからだという説もある。また、前述した教皇シクストゥス5世に関する予言のためだったと唱える者もいる。いずれにせよ、ノストラダムスはルネッサンス期のヨーロッパ中に知られることになり、時代の寵児(ちょうじ)としてもてはやされるようになった。

『予言集』が英語圏で初めて英訳されたのは1672年だった。これが女王エリザベス1世時代のイギリスで人気を博し、後になって新興国アメリカでも名前を知られるようになった。その後、19世紀のヨーロッパで流行したロマン主義の中で『予言集』が知識階級の間で話題になり、20世紀に入ってから2回起きた世界大戦の際に『予言集』に記されている具体的な内容に対して検証が行われる機会が多くなった。こうした過程でさまざまな解釈がなされ、「ノストラダムスの予言は当たる」というコンセンサスが構築されていったと考えられる。そして前述した的中予言の数々によってノストラダムスへの信頼が高まった。

2000年代に入ってからの予言を見てみよう。代表的なのは、世界中を巻き込んだアメリカ同時多発テロに関する予言だ。正確性と的中率、そして解釈との関係性を見るため、以下の一編を紹介する。

「地球の中心から発せられる大地を揺るがす火が　新しい都市の周囲に震動を引き起こす2つの巨大な岩が長い間戦い　その後、アレトゥーサが新しい川を赤く染める」

（1世紀：87）

フランス語から英訳されたものを日本語に訳している文章なので、原文のニュアンスがどこまで正確に再現されているかはわからない。ただ、新しい都市＝ニューヨークそして2つの巨大な岩＝世界貿易センタービルのツインタワーと読み解いていくことも可能だろう。

アメリカ同時多発テロ事件発生当時は、ネット上に次のような偽予言がアップされて混乱を生み出したことも忘れてはならないと思う。

「神の都で大きな雷鳴が響き　二人の兄弟は混沌に引き裂かれ　要塞は持ちこたえ偉大な指導者は屈服し　大都市が燃え上がると、第三の大きな戦争が始まる」

ツインタワーが崩壊する中、ペンタゴンは何とか機能を維持し、アメリカ大統領がテロ攻撃に屈して第三次世界大戦がはじまるという流れの文章だ。こうした偽予言がネット上にアップされるという事実もまた、ノストラダムスの予言に対する信頼の指標になるだろう。偽予言は自然淘汰のような形で立ち消えになり、すぐに忘れられてしまった。

『予言集』では、世界史に残るような事件の数々がすべて網羅されている。少なくとも、そう解釈している人の数はきわめて多いのだ。ならば、今の時代を生きているわれわれに向けられた言葉にはどのようなものがあるのか。より具体的にいうなら、2023年以降の時代に関するものとされている予言を検証していこう。

近年の予言を精査する

これも特筆すべき特徴なのだが、ノストラダムスが「○○年の○○月に○○が起きる」という形の文章を記した例はほとんどない。例外中の例外を挙げるなら「1999年7の月」の予言だけだ。だからこそ解釈する際、時系列を無視する形でさまざまな仮説が展開されることになる。ただ、以下に紹介するいくつかの詩は

2023年の出来事に関する予言ではないかといわれている。

「周囲1マイルの巨大な山　平和、戦争、飢饉、洪水の後　それは遠くまで広がり大国を水没させ　古代遺跡とその強力な基礎さえも水没させる」（1世紀：69）

この詩に対しては、広い範囲に影響を及ぼす壊滅的な自然災害を示すと解釈されることが多い。あるいは、地球温暖化による海面上昇で水没する都市が出るという意味にも読み取れるだろう。さらに不気味な響きの表現で政治的不安を暗示する内容の詩もある。

「反キリストはまもなく3人を全滅させる　彼の戦争は27年間続く　異端者は死に、捕虜は追放され　血まみれの人間の体、そして赤く凍った雹が地球を覆う」（8世紀：77）

長引く戦争といえば、真っ先に思い浮かぶのがウクライナ紛争だ。この侵攻が実際に始まったのは2022年2月だったが、どこかシンクロする響きであることはまちがいない。

もちろん、おどろおどろしい内容の予言ばかりではない。以下の予言は、21世紀における社会とテクノロジーの飛躍的な進歩について残された言葉であると解釈する意

見もある。

「疫病が消え、世界は小さくなり　長い間、土地は平和に人が住むだろう　人々は安全に渡り、陸や海を旅するだろう　その後、戦争が再び始まる」（1世紀：63）

ここでもう一度記しておくが、ノストラダムスの四行詩の意味は難解であり曖昧で、しかも年代が明記されているものはごく一部を除いてほとんどない。誤解を恐れずにいうなら、詩の内容を現状に当てはめ、ときとして事後的に都合の良いように解釈し、特定の出来事に関する予言があって、それが的中したという印象を与えてしまうケースもある。

ノストラダムスはまた、第二次世界大戦の終結から79年後に第三次世界大戦がはじまるというニュアンスの言葉を残している。これにあたるのが、２０２４年だ。

ウクライナやパレスチナですでに紛争が起きており、世界各国がそれぞれの国家を支援していることから、この予言の裏付けとなる材料はすでに出そろった状態にあった。さらには、気候変動が進行し、大規模な嵐や季節外れの気温など、極端な天候状況が生まれる可能性について述べられている。

ノストラダムスがビジョンから得た「この世の終わり」のイメージは、聖書に記されているものに近い。言葉遣いこそ空想的なところもあるが、ここ10年間の気候変動を見る限り、信ぴょう性は増していると考えたほうがいいかもしれない。特に初期の四行詩の数々に関し、地球温暖化がもたらす壊滅的影響に直面する世界というモチーフが見え隠れする事実を指摘する研究家の数は多い。これは、2024年にも共通するテーマであるようだ。

「疫病の波による大飢饉、北極の端から端まで続く長雨、半球から100リーグ離れたサマロブリン、法律なしで政治から免除されて生きる人々」(4世紀:5)

新型コロナウイルスのパンデミックに続き、世界のニュースは戦争に独占されている。2022年2月、ロシアがウクライナに侵攻し、超大国と西側諸国間の緊張はキューバ危機以来最高潮に達した。作戦開始当初こそロシアは実際の作戦行動をわずか数日程度に設定していたようだが、西側の支援を受けたウクライナは抵抗し続け、事態はいまだに終結していない。

さらには2023年秋、イスラエルがハマスに宣戦布告した。自国の民間人に対する残忍な攻撃に反応して始まった軍事行動だ。報復と自衛のためとして行われるガザ地区への激しい無差別攻撃で、今やパレスチナ側に多くの死者が出ている。

「火星と王笏（おうしゃく）は、蟹座の悲惨な戦争の下で結合しているところを見つかるだろう　その後すぐに新しい王が任命され　長い間地球を平和にするだろう」（4世紀：24）

この詩がイスラエルとパレスチナについて語られたものだとする人たちがいる一方で、NATOと中国の対立構造を端的に示しているものだという意見もある。「火星と王笏が結合する」という前半部分の文章は、中国とロシアが協定を結び、両国の関係が新しいステージに入ることを示唆しているという見方もある。親中国派の国家として知られている北朝鮮をプーチン大統領が24年ぶりに訪問した事実にも触れておいたほうがいいだろう。

2022年9月8日、70年にわたってイギリスを統治してきた女王エリザベス2世が96歳で亡くなった。チャールズ3世は彼女の死の瞬間に新国王となったが、戴冠式は2023年の5月まで行われなかった。ノストラダムスの予言詩にはさまざまな解釈があると書いたが、先に触れた詩がイギリス王室にまつわる予言にちがいないという見方がある。現に、『エルサレム・ポスト』紙はこの出来事に関してもノストラダムスの予言が的中したと主張している。核となるのは「その後すぐに新しい王が任命され　長い間地球を平和にするだろう」という部分だ、これは、チャールズ国王が退位し、若い君主を後継者に指名することを示している。イギリス王室の伝統に従ってことが進むのなら、指名されるのはウィリアム王子となる。しかし、こんな詩もある。

「離婚に同意したくないから　後にその離婚は不適格とみなされるだろう　島々の王は力ずくで追放され　その代わりに王のしるしを持たない者が立てられるだろう」（10世紀：22）

〝王のしるしを持たない者〟というのは、現状から考えればハリー王子しかイメージできない。ウィリアム王子が何らかの理由で〝力ずくで〟イギリスを追われ、ハリー王子が王座に就くというのだろうか。

2024年の世代交代はイギリス王室だけではないようだ。カトリック教会機構も新たな指導者を迎え入れる状況について語ったと思われる予言がある。

「非常に高齢の教皇の死により　適齢期のローマ人が選出される　この人については教皇の地位が弱まると言われるだろうが　長くその地位にとどまり、辛辣な活動を続けるだろう」（5世紀：56）

現在のローマ法王フランシスコ1世は、2024年12月に88歳になる。〝非常に高齢〟という形容もまちがいではないだろう。〝ローマ人〟と形容されている後任の法王

は辛辣な活動を続けるとされているが、この部分がこれから先の時代のバチカンのあり方に触れている可能性を示唆する声もある。

予言者であるはずのノストラダムスに共感する多くの人々が懸念しているのは、人類がいくつかの大規模な紛争に直面している中で、2024年の出来事に一定のパターンが見え隠れしていることだ。例えばロシアによるウクライナ侵略は、もはや局地的な紛争ではない。今やウクライナの反撃のため、西側軍事ブロックであるNATOや、地政学的にはまったく無関係であるはずの日本まで資金を提供し、アメリカはロシア領土への攻撃が可能な武器まで供給している。

緊張はアジア圏でも高まっている。中国が軍事力をますます誇示し、台湾やフィリピンへの示威行動が止まらない。フィリピン海軍所属の艦船に対しては、発砲などの直接的な軍事行動こそなかったものの、中国海警局の艦船が救命用ゴムボートに穴を開けて使用不能にした上、武器を押収するという事件が起きた。先にも触れたが、イスラエルによる戦争犯罪が非難を浴びているガザ紛争も世界が二分される大きな原因になりかねない。

同時多発的に起きているそれぞれの紛争がエスカレートし、より広範な紛争に発展する危険性は否めないだろう。最悪のシナリオが現実化すれば、軍事超大国が対峙して新たな世界大戦が起こり、核兵器の使用まで突き進んでしまうかもしれない。もしそうなれば、人類が経験したことのないような壊滅的な打撃がもたらされるだろう。

こうした状況を憂慮する人たちの声は、煽りを目的にしたサイトなどだけで語られているわけでは決してない。ポーランドのドナルド・トゥスク首相は、2024年3月の演説でロシアのミサイルによる領空侵犯に触れ、ヨーロッパが「開戦直前」時代に入りつつあると語った。演説は、次のような強い口調で締めくくられた。「誰も怖がらせたくはないが、戦争はもはや過去の概念ではない。これは現実であり、2年以上前に始まったことだ」

この発言は、プーチン大統領の発言を根底から覆すものだった。プーチン大統領はかねてから、西ヨーロッパ諸国のほとんどが加盟しているNATO加盟国を攻撃することはないとことあるごとに主張していたからだ。

ここまで2024年に関して語られたものであるとされる予言の数々に触れてきたが、どの程度当たっていただろうか？　この本が出版されるころにはかなりの部分があきらかになっているはずだ。

2025年にこの世は終わるのか？

2025年という年の特異性が語られ始めたのはいつごろからだっただろうか。予言とそのインパクトという意味合いに限っていうなら、1999年と等しいレベルかもしれない。その特異性は、ホピ族の伝承などでも語られているのが事実だ。終末予言が成就する要素が揃ってしまうような年なのだ。ノストラダムスが2025年について抱いていたビジョンは、どんなものだったのだろうか。まず、筆者自身が気になっている予言とその解釈を紹介する。

基本的には、2025年は驚きと発見の年になり、これまで秘密と思われてきた宇宙に関する事実が明らかになる。人類にとって大きな知識を得るきっかけになる出来事があるが、同時に壊滅的な地震や何らかの種類の大爆発、あるいは特定の宗教に関する予言が残されている。

◉第3の反キリストの出現

一部の解釈によれば、世界に混乱と破壊をもたらす第3の反キリストの到来が予言されている。ただし、この出来事の正確な時期は特定されていない。

◉ **第三次世界大戦**

世界の大国を巻き込み、広範囲に荒廃をもたらす第三次世界大戦を予言したとする解釈が行われている詩がある。この出来事に関しても、具体的な時期については言及されていない。

◉ **巨大地震**

日本人にとって一番気になる予言だが、将来起こるだろう一連の巨大地震の予言は漠然とした表現の文章でしかない。もちろん、ピンポイントな形で時期が示されていることもない。

◉ **絶滅レベルの大災害**

1999年7の月の予言は幸いにも現実にならなかったが、地球の生命すべてが絶滅するレベルの大災害についての詩はひとつだけではない。以上を踏まえ、予言の数々を示しておきたい。

「40年間、虹は見えない　40年間、虹は毎日見える　乾いた大地はますます乾き　虹が見えるときには大洪水が起こる」（1世紀：17）

聖書の創世記第7章（ノアの方舟の物語）を思わせる文章だ。このあたりも、聖書の内

容とノストラダムスのビジョンの終末観がクロスオーバーする部分といえるだろう。40年間という時間枠こそ誇張された表現だろうが、長く続く乾期（?）の後に訪れる大洪水に襲われるのは、どこの国なのだろうか。2024年6月における世界中の温度上昇傾向を考えると、2025年に本当に大洪水が訪れるとするなら、半分は当たっているような気がするのだが……。

「オーシュ、レクトゥール、ミランドのすぐ近くで　3夜にわたって大火が空から降る　その原因は、驚異的で驚くべきものとなる　その後すぐに地震が起こる」（1世紀：46）

冒頭に記されているのは、いずれもフランス南部あるいは南西部に位置している都市だ。大火が空から降るという表現は、彗星や隕石を意味しているのだろうか。地震という言葉を手がかりにするなら、地震光のような現象であると考えることもできるだろう。フランスで大きな地震はめったに起こらないようだが、2023年の6月に西部でM5の地震が起きている。これが前兆となって2025年にさらに大きな地震が起きるということなのか。

「地球の中心から大火が降り注ぎ　新都市の周囲に震動を引き起こす　2つの大きな

岩が長い間戦い　その後、アレトゥーサが新しい川を赤く染める」（1世紀：87）

いかにもおどろおどろしい響きの文章だ。まず、〝新都市〟というのはどこを意味する言葉だろうか。そこの周囲で生じる震動の原因は、〝地球〟の中心から降り注ぐ大火だ。これは、噴火を意味する表現ではないだろうか。アレトゥーサというのは、ギリシャ神話に出てくる水の妖精の名前だ。イタリアのシシリア島シラクサ近郊にオルテギュアー島にその名を冠した泉があるので、大噴火を起こすのはベスビオス火山かもしれないという見立てもある。

「サトゥルヌスに捧げられた4番目の柱は地震と洪水で割れ　サトゥルヌスの建物の下にはカエピオが持ち去り　その後修復された金の壺が見つかった」（8世紀：29）

地震と洪水という言葉がちりばめられた予言は、想像以上に多い。絶対数が多いために目立つことは事実なのだが、2025年に関するものとして考えても、地震と洪水をモチーフにした予言を意識する人たちは少なくない。やはり、われわれは大規模自然災害から逃れられないのだろうか。日本だけを考えても南海トラフ地震の発生は今やカウントダウンの段階に入っているといわれているし、世界レベルで見れば、自然災害は地震だけではない。何をどのように注意すべきかわからない状態なのだ。

「十字架の者たちが　ほぼ一体となったローヌ川の野原に入り　2つの土地が魚座で出会い　大勢の人々が洪水で罰せられた」（8世紀：92）

この予言に関しては、スイスのレマン湖からフランスに流れ、地中海に注ぐローヌ川が流域全体に被害をもたらす氾濫を起こす可能性を指摘する声がある。その一方で、多発する洪水というモチーフを津波と読み解く見立てもある。いずれにせよ、何らかの形で起きる大規模な水害には意識を向けていたほうがいいのかもしれない。〝十字架の者たち〟が〝罰せられる〟という流れは、キリスト教機構全体の受難を暗示しているという解釈もあるが、この予言に関しては自然災害に触れたものであるという意見のほうが多いようだ。

ノストラダムスの予言を軸に2025年の特異性を読み解いていくキーワードは、戦争や地震、火山の噴火、洪水、津波といった禍々しい響きのものばかりが並ぶようだ。数々の予言のネガティブな印象はぬぐいきれず、ネット上でもディストピア視線の意見ばかりが目立つ。

911の時も起きたことだが、出典を明らかにしないまま恐怖心を煽ることだけを狙った偽予言も存在する。中には「量子」「AI」などオリジナルの予言集にはありえないワードがちりばめられたものもあり、何でも信じてしまうような姿勢には問題があるだろう。

おそろしげな言葉がごく普通だが、冷静に的中率だけを考えれば、ノストラダムスの予言はそれほど恐れるべきものではないのかもしれない。個人的に今一番気になっているのは以下の予言だ。

「疫病が消え、世界は小さくなり　長い間、土地は平和に人が住むだろう　人々は安全に渡り、陸や海を旅するだろう　その後、戦争が再び始まる」（1世紀：63）

読者の皆さんは、この詩をどうとらえるだろうか。最後に戦争という言葉が出てくるので、やはりネガティブなものととらえるのが正しいのだろう。三行目までは、パンデミックが終わって多くのインバウンド客が戻ってきた日本を彷彿（ほうふつ）とさせる。再び始まる戦争で中心的な役割を果たす国はどこなのか。

どの予言も、侮れない感覚で満ちているような気がしてならない。筆者は、小学校高学年から30代半ばまでノストラダムスの予言に踊らされた。〝1999年7の月〟予言がすべてではなかったけれども、いつも脳裏のどこかに淀んでいた。今、その感覚が本当に久しぶりに、じわじわ蘇ってきていることを認めなければならない。

第2章

2人の大統領の死、そして自らの死期も予言した エドガー・ケイシー

スリーピング・プロフェットと呼ばれて

スリーピング・プロフェット＝眠れる予言者という別名で知られるエドガー・ケイシー。彼は40年以上にわたってほぼ毎日、一日に数回自らを体外離脱状態に置き、人類の起源や宗教、死後の世界、人間の意識、そしてヨハネの黙示録など、さまざまなテーマに関する深い洞察の言葉を残した。

死後80年を経過しようとしている今もさまざまな形で語り継がれている理由として、数々の予言とアカシック・レコードとの深いつながりを忘れるわけにはいかないだろう。予言についていうなら、地球環境を激変させる自然災害、戦争、経済崩壊、社会的政治的不安を伴う浄化の時代について強く訴えるものが多い。一見ディストピア的な視点だが、基盤を成すのは、まったく逆のユートピア的な視線であるととらえるのが正しいと思う。

アカシック・レコードというのは、ごく簡単な言葉で定義するなら、宇宙や地球、そして人類のすべての歴史、そして未来に起こりえるすべての出来事が記されている膨大なデータバンクだ。ケイシーはトランス状態に入ってアカシック・レコードにアクセスし、人々の過去世や健康に関する問題、さらには地球の未来に関する数多くの予言を残した。独自のアクセス方法について語った文献もあるが、その内容に対する科学的な検証は行われていない。

ディストピア的な予言では〝この世の終わり〟のさまざまな様相が語られる。しかし彼が予言の内容以上に強調したのは、人類が行動を変えれば、未来に起きるかもしれない恐ろしい出来事は回避できるという信念だ。

ケイシーの目的は、単に予言を語るだけでは決してなかった。ビジョンの中で自ら見た恐ろしい予言が成就することがないよう、つまり恐ろしい未来が現実のものとならないよう可能な限り多くの人々に対して変化を警告し、よき未来を迎えるために積極的に働きかけていくことだった。

ケイシーの予言は、すべてが的中しているわけではない。ビジョンで見たままの光景が実現しなかったということは、ケイシー自身が働きかけることによって多くの人々の意識が変わり、未来の様相が変わったという証拠である。そういう主張をする

人たちもいる。

ケイシーは生前こんな言葉を残している。「未来は人間の自由意志によって変わる。よって、神の中の神という存在があるとしても、未来の出来事を正確に言い当てることはできない」

それは、当たらない予言に対する言い訳めいた解釈でしかない。そんな声が絶えたこともないのが事実だ。しかしケイシーは、すべての人が他の人たちと分かち合う相互的な責任を認識する時が来ると予見していた。人類の意識を変える者の本質は、この認識にほかならない。第二次世界大戦中であっても、ケイシーは世界が統一され、それまでの時代とはまったく異なる新たな精神性が生まれる可能性を見出していたようだ。

後に触れるアカシック・レコードとの強い関わりあいもさることながら、ケイシーはもちろんまず予言者として認識されているのだが、スピリチュアリストという側面も忘れてはならない。

エドガー・ケイシーは、19世紀後半から20世紀初頭にかけての心霊術ブームにおける最も重要な神秘主義者のひとりであり、ノストラダムス以来最も有名な予言者といっても過言ではないだろう。予言以外の部分でも、現在のニューエイジ・ムーブメントやスピリチュアリズムに大きな影響を与え続けている。ケイシーは、ホリスティック医療（人間の全体的なからだと精神を尊重し、自然治癒力を癒しの原点におく医学）からアトランティス大陸まで広い範囲の話題に深く関わっていた。

筆者は以前、ビバリーヒルズに本拠を置くリモートビューワー（遠隔透視能力者）を取材したことがある。陸軍所属で、特殊能力を活かした作戦行動に従事していたこの人物が経営するリモートビューイング・スクールは、ヨーロッパ各国から多くの医師を受け入れていた。予言はもちろんなのだが、ケイシーはトランス状態の中で驚くほど正確に病気や怪我を診断し、高度な内容の適切な治療法を提案したと伝えられている。つまり、言葉自体も定義も生まれていなかった時代に、すでに優秀なリモートビューワーとして活躍していたのだ。予言者ケイシーの核の部分を形成していたのは、こうしたリモートビューイング能力ではなかったか。ならば彼は、史上最も能力が高いリモートビューワーという側面もあったことになる。

トランス状態の中で発した言葉は一切覚えていない。そう主張し続けていたケイシーは、ごく普通の控えめな男性という印象だったようだ。本人も自分の稀有な能力

に少なからず当惑していたのかもしれない。

眠れる予言者の誕生

1877年3月18日、ケンタッキー州ホプキンスビル近郊の農場で生まれたケイシーは、幼いころから信心深かった。不思議な能力は男系の遺伝を思わせる。祖父は霊能者といっていいレベルの能力の持ち主だったし、父親は熟練した水脈探知の専門家で、マンサクの木から切り取った枝だけで水脈の位置を突き止めることができるほど高いダウジング能力を宿す人だった。

子どもの頃のケイシーはあまり友だちと遊ばなかった。何よりも好きだったのは、教会へ行って礼拝したり聖職者の話を聞いたり、聖書を読んだりすることだった。ただ、物静かな男の子には稀有な能力が宿っていた。幼いころから自分にしか見えない存在と多くの時間を過ごした。〝生身〟の友だちと一緒にいるよりもずっと楽しかったのだろう。こうした存在は、ケイシーと共に年を重ねたのかもしれない。

ケイシーが予言者としての人生を決定づけられるような体験をしたのは、10歳にもならない頃だった。家の近くの森にお気に入りの場所があって、よくそこに行って聖書を読んでいたのだが、ある日〝楽器のような声〟で話す翼のある女性と会ったという。彼女はケイシーにこう言った。

「あなたが一番望むことを私に教えてください。私は、それをあなたに与えることができます」

ケイシーは即座にこう答えた。

「ほかの人たち、特に病気の子どもたちの役に立ちたいです」

歴史に名を残す人物にはありがちな話だが、ケイシーも小学校の頃から勉強は苦手で、簡単な単語の綴（つづ）りもままならなかった。居残りで黒板に同じ単語を何百回も書かされて家に帰ると、「満足に綴りもできないのか」と父親に罵倒され、殴られた。森で会った女性の楽器のような声が脳裏に響いたのはその時だ。

「少し寝なさい。そうすれば、私たちが助けてあげられます」

ケイシーは自室に戻り、頭にスペリングの教科書を載せて寝た。翌朝目が覚めると、テキストに記載されているすべての単語を覚えていたという。これは他の教科でも同じだった。父親に殴り倒された夜に不思議な体験をしたケイシーの成績は、その後ぐんぐん伸び、最終的には飛び級するほどになった。

この頃から、ケイシーの周囲で不思議な現象が頻発するようになる。ある日校庭でゲームをしている時、ものすごい勢いで背中にボールが当たった。打ちどころが悪かったのだろう。いつまで経っても立ち上がれない。結局家まで運ばれ、駆け付けた医師に脊髄損傷（せきずいそんしょう）という診断を受けることになってしまった。

大きなけがを負ったケイシーは気絶した状態のままだったが、何かぶつぶつ言っている。両親が耳を澄ませると、どうやら湿布薬らしきものの材料を暗唱していた。失うものは何もなかった両親は息子の言葉に従って材料を揃え、湿布薬を作って患部に貼った。翌朝目を覚ますと、すっかり痛みから解放されていた。

成長するにつれ、ケイシーは自分の驚くべき力の源と、森に現れた翼のある女性の幻視の意味に疑問を抱くようになった。敬虔（けいけん）なキリスト教徒として、自分の能力とその目的に対する疑念が心に忍び寄る。寝るだけでどんな文章の内容も理解してしまうケイシーの才能を自慢し、自分自身の自尊心を満足させるために利用しようとする。父親にそんな一面があったという話も伝えられている。

ケイシーの自伝『There is a River』によれば、特殊能力は祖父の代から蓄積されたものだったようだ。祖父は念じただけでテーブルや椅子を動かし、ほうきを躍らせることもできたと伝えられている。テレキネシス能力の持ち主だったのかもしれない。その能力が形を変えて孫に受け継がれ、そこからさらなる昇華を遂げたというのなら、納得できる人も少なくないのではないだろうか。

ただ、祖父もケイシーも、自分の能力をひけらかしたり、それを使ってお金を稼ごうとしたりするような行いは一切しなかった。森の中で会った不思議な女性に「ほかの人たち、特に病気の子どもたちの役に立ちたい」と語ったケイシーは、自らの能力を自覚して不安にさいなまれたという。

そんなケイシーが本来のアイデンティティを取り戻す上で大きな役割を果たしたのが、19世紀に活躍した大衆伝導者ドワイト・ライマン・ムーディだった。まったくの偶然で顔を合わせたとき、ケイシーが子どもの頃体験した幻覚について相談すると、真剣に話を聞いていたムーディはにっこりと笑い、こう言ったという。「大丈夫です。あなたは完全に正気であるし、そういう体験をしているのもあなただけではありません」

ケイシーとアカシック・レコード

エドガー・ケイシーは第一義的には予言者であり、本書で紹介しているほかの人たちと変わらないのだが、ケイシーだけというユニークな要素をあえて挙げるなら、アカシック・レコードだ。

再度定義しておくと、過去・現在・未来におけるすべての普遍的な出来事や思考、言葉、感情、意図の記録である。森羅万象のすべての記録で、精神世界においてコード化された形で存在すると解釈されている。言い換えるなら膨大な量の情報のデータベースであり、すべての魂が行った旅とそれに伴う経験についての詳細な情報が記録されている。眠れる予言者と呼ばれたケイシーは、トランス状態に陥ることでアカシック・レコードにアクセスし、そこから得た情報を変換して伝え、予言の言葉としていたのだろう。

より一般的なところでは、アカシック・レコードは霊的な洞察や癒し、あるいは導きのために使用されると解釈されている。個人レベルまで落とし込めば、人生の目的やカルマ(宿命)のパターン、霊的教訓についての深い理解の習得が可能であると信じられている。

ケイシーもまた、アカシック・レコードを同じような言葉で形容していた。しばしば自身のリーディングでアカシック・レコードに言及し、洞察を行うためにアクセスしていたことを示唆した。ケイシー自身は、アカシック・レコードを歴史上のすべての個人の思考、行為、経験が記録された巨大な図書館と呼んでいた。ここに保管されている記録や情報は、人生をより深く理解し、身体的、感情的、そして霊的な挑戦に対する解決策を見つけるために使用できるものである。

ケイシーは個人レベルのアドバイスにおいてもアカシック・レコードとアクセスしていたようだ。相談者の病状を診断し、具体的な治療法を提案した。こうしたプロセスは、ある意味心霊治療ということができるだろう。個々のセッションで、ケイシーは病気の根本的な原因について詳細な情報を提供したと伝えられている。そして多くの場合、病気の原因が過去世の経験やカルマの影響にあることを指摘した。

より大きなテーマとして、ケイシーはよく人生の目的であるとか過去世、精神的成長に関する質問をよく受けた。アカシック・レコードにアクセスすることで、ケイシーは個人の魂の旅についての洞察を言語化し、過去世の経験が現在の生活にどのよ

うな形で影響を与えているのかを分かりやすい言葉で説明した。

こうしたプロセスには、当然のことながらスピリチュアリティ色が濃いガイダンスが含まれる。ケイシーが強調したのは愛情や忍耐、他者への奉仕など、本当に基本的な概念ばかりだった。アカシック・レコードに含まれる情報を理解することで、個人がより高い目的と自分を同化し、人生に前向きな変化をもたらすことができると信じていたようだ。

ケイシーは意図的かつ自発的にトランス状態に陥り、アカシック・レコードとのアクセスを可能にしていた。多くの人々の相談に乗っていたため、こうした行いは日常生活の一部と呼べるレベルだったにちがいない。眠れる予言者というアイデンティティの基盤は、個々のセッションの積み重ねによって構築されたのだろう。そしてまったく同じコンセプトで、より大きなスケールの予言が告げられていった。

ケイシーが生涯にわたって残した数多くの予言すべてが当たっているわけではない。ただし、特に注目すべきものがあることも確かだ。中でもまず紹介しておくべきなのは、自分自身の死に関する予言だろう。

1945年1月、新しい年が明けたばかりのタイミングで、ケイシーは自分が月末までに命を落とすことを予言した。「月が替わるまでは生きられないだろう」――そんな言葉だったという。実際、この頃までにケイシーの健康状態は著しく悪化していた。原因は、1万4千回に上るリーディングで蓄積された精神的・肉体的疲労による衰弱だったといわれている。

日に日に衰える健康状態にあらがうように、ケイシーは前年まで最盛期とまったく変わらないペースでリーディングをこなしていた。1944年の後半は、呼吸器系の不調や慢性的な疲労など、複合的な健康問題を抱えていたようだ。しかし人々を助けるという義務感からさらに自分を追い込み続け、状態は悪化していった。医師や身近な人々から仕事を休むように勧められていたが、自分に任された役目に対する責任感から、アドバイスの言葉には耳を傾けなかった。

そしてケイシーは、1945年1月3日に亡くなってしまった。2月まで生きられないという予言は正確だったが、はるかに早く現実となってしまったことになる。直接的な死因は脳卒中という診断が下されたが、過酷なスケジュールが健康状態を悪化させてしまったのだろう。

自身の死に関するこの予言は、予言者としての能力の高さを示す絶対的なエピソー

ドとしてしばしば引用される。ノストラダムスでさえ、自分の死期に関する四行詩は残していない。自らの死の予言と的中は、予言者としての遺産の最も重要な部分であり、ケイシーが自らの役割を真摯な態度でこなそうとしていたこと、そして自らの能力の並外れた高さを雄弁に物語る事実といえるはずだ。だからこそケイシーは予言者というだけではなく、霊能者そして超能力者としてとらえられることも多い。眠れる予言者というキャッチフレーズが有名だが、経歴を見ていると、眠れる超能力者というほうがふさわしいのではないだろうか。

特に高い能力者だった祖父から受け継いだ才能は、父親のそれをはるかに上回るものだった。そして人格的にも優れていた。過剰なスピリチュアリズムのように聞こえるかもしれないが、常に神の存在を忘れずにいたケイシーは、天によって選ばれた超能力者／予言者だったのかもしれない。

特筆すべき2つの予言

ここから先は、ケイシーが残した予言を個別に見ていくわけだが、筆者が特に印象深いと感じているものから始めたい。

◉ビミニロードとアトランティス

１９３８年、エドガー・ケイシーは次のような予言を残した。「ビミニ付近の海水と年月の泥の下に、寺院の一部がまだ発見されるかもしれない。時期は１９６８年あるいは１９６９年になるだろう。そう遠くない将来だ」

バハマの北ビミニ島の沖合の海底にある水中の岩石層ビミニロードは、１９６８年に発見された。特筆しておくべきなのは、ケイシーはこの構造を「アトランティスの浮上」であると形容したことだ。ケイシーの言葉に呼応し、ビミニロードがアトランティスの一部であると信じる人は、今も多くいる。予言はほぼ正しかったという認識でとらえられているといったほうが事実に近いかもしれない。

ケイシーは、アトランティスがヨーロッパと同規模の歴史を誇る文明であり、はるかに優れた技術を有していたと説明した。また、アトランティスが約1万年前に大西洋のどこかで消滅したことについても述べた。さらにアトランティスの歴史には3つの区分があり、最初の2つは紀元前1万５６００年頃に起きた地質変化で、大きなひとつの島だった国土が複数の島々に分かれ、ケイシーはこれらをポセイダ、オグ、アーリアと名付けた。アトランティス人は発電設備として鉱石の結晶を組み合わせた

巨大装置を建設したが、それが地盤の破壊を引き起こしたとも述べている。

ケイシーは、国土と文化の破壊が起きた究極的な原因は巨大な欲望だとした。それだけではない。沈みゆく故郷を後にしたアトランティス人の大部分はエジプトに大移動し、自分の国に留まることを選んだ人々が沈んだのは、聖書のノアの洪水が原因だったと語った。未来の時点での発見を過去の出来事、古代史にひもづけるという方法論は、アカシック・レコードとの関係性が深いケイシーならではのエピソードといえるのではないだろうか。

◉2人の大統領の死

1939年、エドガー・ケイシーは2人の大統領の死について予言し、次のように述べた。「混乱が起きるだろう。資本家と労働者の間で争いが起きる。国内に分裂が起き、その次の大統領が任期を全うできず、暴徒支配に陥る」

1945年4月12日、フランクリン・D・ルーズベルト大統領が在任中に死去した。ケイシーはその後さらに、「労働による余剰利益のより良い分配と、生産者への配慮、そしてギブアンドテイクがもっと行われなければ、国はより大きな混乱に陥るにちがいない」と述べた。そしてこの予言から18年後の1963年11月、ジョン・F・ケネディ大統領がテキサス州ダラスで暗殺された。

ジョン・F・ケネディの死に関するケイシーの予言は、より広い視野で議論されている。ケイシーが予言でJFKの名前をはっきりと口にしたわけではないが、用いられた言葉から多くの人たちがケネディについて語っていると信じている。JFKの暗殺事件は国民に衝撃を与え、アメリカ社会に深い影響を与えた。

結果として、アメリカ社会は大きな不安に包まれた。偉大な指導者の死後、大きな社会不安と混乱の時期が訪れる。ケイシーの予言は的中した。そう考えている人たちの絶対数は多い。この予言の文言は公民権運動、ベトナム戦争反対運動、その他のさまざまな重要な文化的および社会的変化によって特徴づけられた1960年代と1970年代の社会的および政治的混乱と見事にシンクロするからだ。

ケイシーの予言は、長年にわたって多くの議論の対象となってきた。驚くほど正確だと考える人もいれば、漠然としたもの、または偶然の一致だと考える人もいる。いずれにせよ、2人の大統領の死とそれに続く社会不安に関する予言は、ケイシーの遺産の中で最も注目され、頻繁に議論されるものとなっている。

ケイシーの2024年予言

2024年に関しては、次のような予言を残している。当然のことながら批判的な姿勢をあらわにするスケプティクス（懐疑主義者）がいるのだが、実現したとしかいえない予言が数多く存在することも事実だ。もうすぐ終わる2024年を振り返りながら、2025年にもつながる予言の数々を見ていくことにする。

◉劇的な気象の変化

2024年に磁極が移動し、「国内で何年にもわたる経済的混乱」が生まれるという予言がある。また、メキシコ湾流の変化によって極地の氷床が溶け、海面が上昇し、世界中の気象パターンが変化することが述べられている。壊滅的なシナリオとしては、以下のような状況が想定される。

- 海面が急激に上昇し、世界中の国々の沿岸地域が広範囲にわたって洪水に見舞われる。
- 降雨パターンの変化が原因で、世界各地に干ばつ、農作物の不作、飢饉が起きる。
- ハリケーン、サイクロン、台風の頻度と強度が高まる。

・永久凍土が溶けて閉じ込められたメタンが放出され、地球温暖化が加速する。

気候変動に関する言葉を残す予言者は多いが、上記のとおり、ケイシーも具体的な例を挙げながら脅威を訴えている。気候変動は継続的な脅威であるため、地球温暖化を抑制し、すでに起こっている変化に適応するための取り組みが必要であるということなのだろう。

◉世界の権力が西から東へ移行

ケイシーは、アメリカやその他の西側諸国がこれまで保持してきた世界のリーダーシップや超大国としての地位をもはや維持できないと予測し、２０２４年までに権力が東に移行すると示唆している。東側の大国といえば、現状から考えればロシア、中国、そしてインドが挙げられるだろうが、予言に具体的な国名は明記されていない。

本書の執筆時点で、すでに西側諸国には変化が起き始めている。２０２４年7月に行われたイギリスの総選挙では14年ぶりの政権交代が実現し、保守党は史上最悪といわれるレベルの敗北を喫した。

同じタイミングで行われたフランスの総選挙では左派連合が事前予想に反して躍進し、議会第一政党の座を確実にした。一時は首相候補擁立の可能性がとりざたされる

ほど極右勢力が票を伸ばしたり、結果的にその状況を左派連合が逆転したりする中で、確実に求心力を失っているのが現職大統領のマクロン氏だ。フランスで大きな政治的変化が起きるのも時間の問題となっている。

そしてもちろん、アメリカはバイデン大統領に健康不安説が浮上し、ホワイトハウスはこれを必死になって打ち消そうとしていた。さらには、民主党からもバイデン氏に選挙から撤退するよう求める声が日に日に高まり、結局バイデン大統領は自ら大統領選挙からの撤退を決断した。

西側諸国のバタバタした状態にタイミングを合わせるように、ロシアはウクライナに対する攻撃を一時的にスケールアップしながら中国とインドとの関係を強化している。2024年執筆時点での動きを見る限り、ものごとはケイシーの見立ての通りに進んでいるような気がしてならない。

◉啓蒙の新時代

ケイシーは、2024年が啓蒙と平和の新時代の到来を告げる年になると予言している。人々がスピリチュアリティを意識するようになり、透視や予知などの超能力を発達させる未来を思い描いていたのかもしれない。医学の進歩、科学的発見、世界的な変化が起こり、人類がより高い意識レベルに到達することを予測していた。人工知能や仮想／拡張現実、量子コンピューティング分野における飛躍的進歩がこの予言の実現を示唆していると考えているだろう。ただ、希望に満ちた予言だけではない。

◉磁気極移動

ケイシーが残した最も恐ろしい予言のひとつは、地球の磁極が2024年に移動するというものだった。この磁極移動は、地球規模で気象パターンを乱し、大規模な自然災害をもたらす。磁極移動は気流と海流双方に影響を与え、地球規模での気象構造に変化が起きる。

地殻が動くにつれて新しい陸地が出現し、他の陸地が消滅し、世界地図が変わり、巨大地震や大規模火山噴火が発生する可能性についても触れられている。一部の人々は、磁極移動がすでに起こっている可能性があるとして、最近の自然災害や異常気象によって明らかな傾向が示されていると考えているようだ。

◉エイリアンの侵略

筆者としては想像しにくいのだが、ケイシーは2024年に起こりえるエイリアンによる地球侵略についても予言を残している。おうし座のアルデバランから、地球外

生命体が2024年に地球に到着するというのだ。人類の集合意識がより高いレベルに引き上げられなければ、エイリアンが地球人類にとって大きな脅威となる可能性があると警告している。

エイリアンとのコンタクトを信じるかどうかにかかわらず、ケイシーの警告は、より大きな宇宙の力が働くことを示唆しているのではないだろうか。

今この文章を読んでいただいている皆さんにとって、ケイシーの2024年予言はどのくらい当たっていたと感じられただろうか。そしていよいよ、2025年以降の予言に話を移していきたい。

2025年予言

◉地質学的変化

予言では、世界規模で起きる重大な地質学的変化は2025年も続くとされている。2024年の変化は、本当に起きるなら、前兆ということなのだろう。アメリカ東海岸の一部、特にニューヨーク市とニュージャージー州周辺が影響を受けるとされている。また、日本の一部が海に沈み、北ヨーロッパが瞬く間に劇的な変化を経験するだろうとも述べている。

２０２５年予言については、日本では南海トラフ地震と結び付けて考えられる場面が多い。この予言については、注目せざるを得ないのではないだろうか。

◉地球の極の移動

２０２５年は、地球の極移動によって劇的な気候変化がもたらされ可能性がある。極移動で地球の軸の傾きが変わり、地震や火山噴火、津波など広範囲にわたる自然災害が発生する可能性が否めない。極の移動という言い方が具体的に何を意味するのか、現時点では推測するしかないが、気候的・地質学的な意味で大きな変化が訪れることはまちがいないだろう。

◉政治的および社会的変化

２０２５年に起きる大きな変化は気候的・地質学的なものに限らないようだ。政府の興亡や世界の権力構造など、政治的・社会的な意味合いでの大きな変化についての予言も残されている。ただし決してすべてがネガティブな方向性のものではなく、ケイシーは、こうした変化の過程を経て、最終的により公平で公正な世界が実現されると信じていた。

◉経済混乱

経済が激変し、好況と不況のサイクルが交互にやってくる。中核となる部分は、現行の世界中の経済システムの改革につながる可能性のある金融の不安定さにほかならない。日本に限っていうなら、2024年からの極端な円安相場であるとか物価の急激な上昇など、混乱の芽となりえる要素にはこと欠かない。

◉世界的な紛争と平和

世界が大きな紛争を経験するが、最終的には前例のない平和と統一の時代につながるという内容の予言がある。これらの紛争の余波が、人類を世界規模での協力と理解を求めるように駆り立てることが示されている。この原稿を書いている時点で、筆者は大きな紛争という言葉からウクライナ紛争やイスラエル・パレスチナ紛争を思い浮かべている。いずれもまったく出口が見えない状態が続いているが、これが恒久的な平和実現への絶対的な条件ということなのだろうか。

◉ロシアの役割

前項を受けた内容となるが、ケイシーはロシアが将来重要な役割を果たすと予測し、平和を促進し、物質主義と利己主義の蔓延を防ぐ「世界の希望」となるだろうと示唆した。ロシアが大きな紛争のひとつの当事者となっている今、この予言に関してはさまざまな見方やとらえ方があるはずだ。2024年から2025年にかけてのロシアの変化にも注目したい。

◉古代の知識と技術

ケイシーは、古代文明には後の時代になって発見される高度な知識と技術があったと信じていた。これにはアトランティスだけでなく、多くの秘密が隠されている古代エジプトの知識も含まれる。この予言に関しては、別の章で触れるババ・ヴァンガの言葉や姿勢とクロスオーバーする部分があるのも興味深い。

◉宇宙探査

人類が星に手を伸ばし、新しい惑星を発見し、地球外生命体と接触する可能性について語った予言がある。宇宙探査が、宇宙とその中での人類の立場についてのより広い理解につながると信じていた。中国による月の裏側の探索やアメリカのアルテミス計画など、予言の内容が具体的に実現されつつある流れを無視することはできないだろう。

予言をマクロ的とミクロ的という言葉で分類できるのなら、ケイシーが残した予言

は圧倒的にマクロ的だと思う。その根源はやはりアカシック・レコードという絶対的な規範にちがいない。人類と地球全体を対象とする予言の言葉を読み込んでいくと、ユニークな性善説に立ったケイシー特有の人類全体との接し方が浮き彫りになるような気がする。

第3章

関東大震災と2つの大戦を予言した
出口王仁三郎

出口王仁三郎が誕生するまで

出口王仁三郎(1871年―1948年)は日本の宗教史における卓越したカリスマであり、近代神道運動の革命的指導者であり、希代の予言者として広く知られている。大本教の創始者出口なおの婿養子となった後は、驚異的なペースで教団を発展へと導いた。活動は大本教の布教だけでなく文学、芸術、さらには政治に至るまで多岐にわたり、影響力は今も色濃く残っている。

その影響力の中核にあるのが教典とも予言書とも形容できる『霊界物語』であり、その根底となる〝ミロクの世〟の思想だ。戦争や争いがなく、すべての人々が平和と調和の中で暮らす世界であるミロクの世は、ユートピアにほかならない。王仁三郎が思い描いたミロクの世は、現代の日本において実現に向かっているのか。そして王仁三郎は、自らが死した後の日本に向けてどのような言葉を残していたのか。まずは、生涯を見ていくことにしよう。

1871年に京都府亀岡市で生まれた上田喜三郎(のちの王仁三郎)は、幼いころから神童と呼ばれるほど聡明な子どもだったという。それだけではない。虚弱体質で学校に行くこともままならなかったが、不思議な体験を重ねていく過程で、持って生まれていたと考えられる神秘的な力を伸ばしていった。

普通の教育は受けられない時期が長く、ホームスクーリングのような形で祖母の上田宇能（うの）からさまざまなことを学んだ。祖母は言霊学者中村孝道（なかむらこうどう）の妹だったため、日常生活の中でごく自然に精神世界的な価値観や、ものの見方、考え方が身についていったのだろう。

どのようなジャンルであれ、歴史に名を残す人物は幼いころからスムーズな人生を送るというパターンは少ないような気がする。喜三郎もそうだった。病弱だった上に、やっと通い始めた小学校も教師との軋轢（あつれき）で退学することになった。体の弱さをおして生家の家業だった農業から始めてさまざまな職種を経験した後、鉱山会社や飲料会社の事業を開始するが、いずれも失敗に終わる。そして26歳の時（1896年）に搾乳・牛乳販売業の会社を設立し、やっとのことで経営を軌道に乗せた。

亀岡で経営者として活躍しながら地元の人たちと折り合いよく暮らしていたが、しばらくして宗教への興味が芽生え、専門的な知識をつけて宗教家への道を歩み始める決心を固めた。直接的なきっかけとなったのは、喧嘩で大けがを負い、心配した祖母

にいさめられたことだったと伝えられている。

１８９８年３月１日の夜、喜三郎はその後の人生を決めるような神秘体験をする。寝ていると枕元に突然、美しく輝く光の玉がいくつも現れた。部屋の中をしばらく自由に飛び回った後、そのまま胸や腹、肩と背中から喜三郎の体に飛び込んだ。

次の瞬間、喜三郎は起き上がって墨と硯（すずり）を取り出し、一心不乱にすって、気がつくと筆を手にしていた。そのまま立ち上がって、寝ていた部屋の壁に「天地大本大御神（あめつちおおもとすめおおみかみ）」という神の名を記した。

自分が書いた神の名前を見ていると、玄関が開いて見知らぬ男が中に入ってきた。当時はまだ珍しかった洋服を着ていたこの男は、喜三郎に向かって信じられない言葉をいきなり発した。自分は天教山（富士山）の木花咲耶姫（このはなさくやひめ）（木花姫）の使いであり、木花咲耶姫が西方の空にたなびく瑞雲が星の光に照らされているのを見て、〃神の仕組みの真人（しんじん）〃が現れた瑞祥であるから迎えに行けと命じられたというのだ。

この男は松岡芙蓉仙人（まつおかふようせんにん）、あるいは松岡神使と呼ばれている。自ら天狗（てんぐ）と名乗ったという話も伝えられている。喜三郎は、この男に連れられてそのまま高熊山（たかくまやま）の岩窟に向かった。喜三郎は、突然家の中に入って来て一緒に高熊山に行こうという男を当然のことながら怪しいと思ったはずだ。しかしなぜか、着いていく気持ちがすぐに生まれたという。

喜三郎が当時住んでいた家から高熊山の岩窟までは2キロほどの距離だった。岩窟に到着すると男はどこかに行ってしまい、どうしようかと思っていると、周囲の景色が瞬時に変わり、喜三郎は自分が須弥仙山(しゅみせんざん)の頂上に立っていることに気づいた。高熊山の岩窟の前にいたはずなのに、須弥仙山の頂上に立っていたのだ。

ふと見ると、白馬に乗った神々しい男性がいた。小幡大明神(おばただいみょうじん)という名前だという。小幡神社に祀られている神格だ。そして小幡大明神自らが発する言葉を黙って聞いていた喜三郎は、知らず知らずのうちに涙を流していた。それは、自分が物質世界に生まれてきた本当の理由を知ったからだった。神が作った仕組みによって生まれたのだ。自分が特別の使命を担って亀岡に生まれ、その地を司(つかさど)る神々によって守られ、育てられてきたことを自覚したのだと伝えられている。

しばらくすると、また周囲の景色が変わり、天国としか形容できない情景に囲まれた。そこに美しい女神が姿を現し、喜三郎の体を通して神業を行うと知らせた。その言葉の意味を理解しようとしていると、再び体が高熊山に戻った。喜三郎はまったく

自覚がないままいきなり神秘的な現象に巻き込まれ、自分の存在理由を知ることになったのだ。

きっかけとなる出来事の後、ものごとは自然に転がり始めた。同じ年、喜三郎は大本教の開祖である出口なおと初めて会うことになる。当時のなおはまさに清貧という形容がふさわしい暮らしをしていた信心深い老女だったが、住んでいる綾部の周辺では〝祟り神〟と認識されて恐れられる存在だったという。恐れられるというのは言い方が間違っているかもしれない。人々が畏怖の念をもって接していたと言ったほうがいいだろう。これは日清戦争に関する予言を行ったり、霊能力で病気の治療を行ったりしていたからであり、そうした日々の行いから〝綾部の金神〟とも呼ばれていた。

喜三郎となおの最初の出会いは、理想的なものではなかったようだ。ごく簡単なあいさつ程度で終わってしまった。お互いがそれぞれの方向性に微妙なずれを感じ取ったのかもしれない。しかし翌1899年の夏、なおは喜三郎に関する啓示を受けた。これは、いわゆるビジョンのような体験だったのかもしれない。詳しいところはわからないが、なおは喜三郎が自分の宗教的信念の実現に必要な人物であると信じるに値する何かをもたらされたのだろう。そしてなおは喜三郎に、綾部に引っ越すよう自ら依頼した。

極端にスピリチュアル的な言い方に聞こえるかもしれないが、喜三郎となおはソウルメイトだったという説がある。二人の関係は太古の夫妻神の分身であり、現世で巡り合って宗教的事業に協力してあたるという霊界的なロードマップを実現したのだと指摘する意見も多い。いずれにせよ、こうして大本教の基盤が出来上がった。そして1900年、喜三郎はなおの五女すみと結婚し、出口王仁三郎と改名した。

予言のテーマ

初期の宗教活動は、なおが受けた神からの啓示を王仁三郎が解釈し、わかりやすい言葉を使って伝道していくというスタイルだった。大本教は神道や仏教、そしてキリスト教とさまざまな宗教体系の要素を取り入れた教義を掲げていた。こうした布教活動の中で活躍した王仁三郎は、そもそも優れた霊能力者だったという話がある。詩や絵画、陶芸などさまざまな分野でも秀でた能力を見せた彼は、さまざまな予言も残した。

独自の思想と宗教的な教えに基づく出口王仁三郎の予言は、多くの側面から解釈さ

れ、支持されている。主要なテーマは、以下のとおりだ。

◉二度の世界大戦に関する予言

王仁三郎は、世界的な規模での大変動と災害が起こることを予言した。大変動と災害という言葉には自然災害や戦争、そして社会的混乱までさまざまな事象が含まれる。具体的には世界各地で起きる戦争や政治的な大変動、それによってもたらされる大きな影響、そして大地震や津波、火山噴火などの自然災害の頻発に関しての言及が並ぶ印象だ。

まず触れるべきなのは、王仁三郎が20世紀に二度の世界大戦が起こることを予言していた事実だ。人類にとって大きな試練となる二度の大戦の後、大きな社会変革が訪れると語っていた。特に第二次世界大戦後には物質的側面における価値観が見直され、精神的側面における価値観が重視される新しい時代が到来するという内容の予言は重要視されている。

1914年に大規模な戦争が勃発すると語り、この年に第一次世界大戦が開戦したことによって予言は的中した。王仁三郎はこの戦争が多くの国々を巻き込み、大きな犠牲をもたらすと語っており、戦争の規模も犠牲者の数も彼が予言したとおりになった。それだけではない。似たようなスケールの戦争が続けて起こり、前例のないレベルで破壊と犠牲がもたらされ、その後の世界秩序に大きな変化が訪れることも告げていた。

王仁三郎は、未来における国家としての日本の役割を探っていくプロセスで第二次世界大戦のビジョンを得たようだ。第一次世界大戦の勃発を予言し、的中させていたこともあり、世界史の一部の期間の中で起きる2つの世界大戦とその終結後の世界をひとつのまとまりとして認識していたのかもしれない。

日本はアジアにおいて指導的役割を果たしていくべき国家であり、そのためには大きな戦争を経験しなければならない。それが王仁三郎の主張だった。ただしこの言葉の本質は、大日本帝国における軍国主義の台頭と、その後のアジア侵略について語られたものだったかもしれない。最終的には日本の勝利で平和がもたらされるというシナリオだったが、結論の部分は外れてしまった。ただしプロセスの部分でいうなら、この戦争が日本という国家に大きな犠牲を強いるものであることを明言していた。この部分をクローズアップして、2回にわたる原爆の投下にひもづけて展開していく解釈も存在する。

◉天災に関する予言

地震に関する予言で触れておくべきものとして、三つの要素を挙げておきたい。関東大震災と東日本大震災、そして南海トラフ地震だ。王仁三郎は、１９２３年に発生した関東大震災を予言していたといわれている。震災が起きるかなり前から、大規模な地震とその結果生じる甚大な被害について警告を発していた。予言は現実となり、多くの人々が王仁三郎の霊的な洞察力を見直すきっかけのひとつになった。

地域および発生のタイミングから考えて、ピンポイントな形で東日本大震災を予言していたという明確な証拠はないが、王仁三郎は東北地方で起きる大規模な地震に関してたびたび言及していた。彼の地震に関する予言の多くが日本の東北地方での大規模な地震や津波に言及しているため、２０１１年の東日本大震災が予言に含まれていたと考える人も少なくない。

王仁三郎は、南海トラフ地震についても言及しているといわれている。出典として考えられるのは、『霊界物語』――この大著については次の項目で触れていく――第6巻「霊主体従　巳の巻」第15~18章だ。５６７日間続く大洪水と大地震と、地軸が傾く様子について描かれている。ここに記されている文章が、南海トラフ地震に関する重要な警告であると受け取る人々もいる。

津波に関する予言と受け取れる文章が記されているのは第12巻だ。津波の具体的な描写が含まれており、高波が沿岸地域を襲い、多くの家屋や人々が流される様子が描かれている。ただ、具体的な日付や詳細な場所については明確ではない。

また、火山国である日本における複数の火山の噴火も予見していたようだ。活火山の活動が活発化し、周辺地域に大きな影響を与える様子が描かれている。中でも特筆すべきは富士山の噴火に関する予言だ。『霊界物語』の第24巻に、富士山が再び噴火し、火山灰が広範囲に降り注ぐ状況によってもたらされる影響に関する警告の文章がある。火山に関する予言は富士山の再噴火だけではない。鹿児島県の桜島（さくらじま）、長野県と群馬県にまたがる浅間山（あさまやま）も予言の中で言及されている。

より広範囲のスコープで考えると、王仁三郎は２０００年代から目立ち始めた異常気象についても予見していたのかもしれない。『霊界物語』の第27巻には、異常気象についての具体的な記述や、それが人類および世界に及ぼす影響についての考察がある。

特に台風や豪雨災害の激甚化についての警告が述べられており、日本の自然環境における台風の頻発性とその影響を考えると、特に現実味を帯びている。そして、異常

気象という言葉で形容される状況は日本に限ったものではない。2005年8月にアメリカ南東部を直撃した超大型ハリケーン〝カトリーナ〟をはじめとして、世界各地でハリケーンの巨大化が観測されているが、王仁三郎はこうした未来の気象状況も見通していたようだ。

水害の対極に位置する気象災害である干ばつも長期化の傾向にあり、世界各地で農作物が大打撃を受けている。こうした状況は食料供給に対する重大な脅威につながりかねない。

世界レベルで起きる異常気象パターンの発生についても、『霊界物語』のあちこちに具体的な記述があることにも触れておきたい。2023年の欧米での山火事の多さ、2024年の春から夏にかけての熱波など、世界的な規模での異常気象の予言にあてはまるのではないだろうか。ある程度まで当たっていると考えたほうがいいと思うのだが、そうなると、次に心配になるのは食料や水の不足から生まれる国際的緊張ではないだろうか。

◉新時代の到来

王仁三郎が残した「ミロクの世」という言葉について触れないわけにはいかない。

「ミロクの世」とは、戦争や争いがなく、平和と調和が支配する理想的な未来の時代を意味する。人々は互いに理解し合い、愛と善意に基づいた社会を築くことが期待されている。この新時代は、物質的な価値観から精神的な価値観へと人々がシフトする時代とされていて、すべての人が自己中心的な欲望から解放され、高次の意識に目覚めることが求められる。

また、「ミロクの世」では人類が自然との調和を取り戻し、環境を大切にする社会が実現するとされている。自然のリズムに合わせた生活が推奨され、持続可能な社会の実現が目指される。これは、まさに今さかんにいわれているＳＤＧｓと完全に重なる概念ではないだろうか。ならば王仁三郎は、こうしたトレンドを１００年以上前の時点で唱えていたことになる。

王仁三郎は「ミロクの世」が現行の社会秩序が一度崩壊した後に訪れると予言した。これは、「立て替え・立て直し」という言い方も使われ、一度混乱と破壊を経た後に新しい秩序が確立されるという意味だ。「ミロクの世」では神の意志が明確に現実化し、人々がそれに従って生きる時代が来るとされている。これは、天の岩戸（あまのいわと）開きとも関連しており、隠れていた真実や神の計画が明らかになることを意味していると考

えられている。「ミロクの世」の究極的な形は、人種や国境を超えた人類の完全な一体化に他ならない。王仁三郎は、すべての人々が兄弟姉妹として共に生きる社会が実現することを予言していたのだ。「ミロクの世」は、理想的な未来のビジョンであり、王仁三郎の教えや予言の中心的なテーマとなっている。この新時代の到来は、人々の精神的な進化と共に、具体的な行動と努力によって実現されると信じられている。このあたりは、前の章で紹介しているエドガー・ケイシーの哲学とも共通する部分があると考えられないだろうか。

◉宗教的覚醒と新しい信仰

王仁三郎はまた、未来において多くの人々が宗教的な覚醒を迎えることを予言していた。多くの人々が自分なり、自分ならではの真実の道を見つけ、より高次の存在と繋がることを意味する。この〝高次の次元の存在〟という言葉が正確に何を意味するのかはわからない。おそらくは、人それぞれにぴたりと収まる定義を探し当てるのは個人レベルの作業ということになるのだろう。

予言では、リアルな形での神々との接触についても語られている。人々が神々やスピリチュアルな存在と接触し、導きを得るシーンが増えるというのだ。こうしたトレンドに伴って既存の宗教が変革し、新しい形の信仰が生まれるという見立てもある。

聖典であり予言書である『霊界物語』とミロクの世

日本の歴史に名を残す予言者だった出口王仁三郎がライフワークとして残した『霊界物語』は大本教の聖典であり、同時に予言書でもある。精神世界からの働きかけを通して霊的な啓示を受けた王仁三郎が、その内容を詳しく記録したものだ。この本はそもそも霊的世界や神々、人間の魂のあり方についての知識を広めるための聖典だったが、ここまで触れたとおり、予言書としての性格も非常に有名だ。

王仁三郎の霊的な教えと洞察が凝縮された大本教の教典ということが第一義であるため、信者にとっては信仰の指針として、また一般の読者にとっても興味深い霊的な文学作品として受け入れられている。全81巻という圧倒的なボリュームの作品には、さまざま異なるテーマや物語が含まれており、主に神話、霊的な教え、予言、人間の行動が生む影響について記されている。神々の戦いや霊的な冒険を描いた部分もあ

り、神道の伝統的な神話や伝承とも深く関連している。

例えば、第1巻では「神代の物語」として、神々の誕生や宇宙の創造についての物語が展開される。第6巻では、「霊界探訪記」として、王仁三郎が霊界を旅する様子が描かれている。『霊界物語』は宗教書にとどまらず、霊的な教えを広めるためのツールとして機能し続けている。王仁三郎の霊的な洞察は大本教信者に限らず、今も多くの人々に影響を与えているのが事実だ。日本の宗教史や霊的文学の中でも独特な位置を占め、その深遠な内容と文学的価値が高く評価されている。

宗教文学という側面から見ても、多くの学者や専門家が研究対象としており、独自の世界観や霊的な視点が、日本の宗教史および文化史における重要な資料として位置づけられている。その中核を成しているのが、前項で少しだけ触れた「ミロクの世」という概念だ。『霊界物語』全体を貫くのがミロクの世のイデオロギーといっても過言ではない。

ミロクの世の実現は、人類全体の霊的な覚醒と進化を大前提としている。王仁三郎は、人々が高次の霊的意識に目覚めることで個々の魂が成長し、社会全体が変革すると説いた。

ミロクの世は、愛と調和が中心となる社会で、人々はお互いを思いやり、助け合いながら共に生きることができる。この理想的な社会では、争いや対立がなく、完全な平和が実現される。

あらゆる意味で争う必要がなくなるため、物質的な繁栄と精神的な豊かさがもたらされ、特に精神的な豊かさが生きていく上での重要な要素となる。すべての人が物質的な欲望を超え、霊的な成長や内面的な充足感を追求するようになる。こうしたトレンドのひとつの側面として環境への意識の変化が挙げられる。自然を敬い、地球を大切にすることで持続可能な社会の構築が可能になる。

『霊界物語』では、ミロクの世についてのビジョンが詳細に展開されていく。前述のとおり、王仁三郎は霊的な啓示を通じてこの理想社会に関するビジョンを受け取り、それを信者たちに伝えた。ミロクの世は、予言として未来に実現するとされていただけでなく、現代の生き方に対する指針ともなっているとする意見もある。また、ミロクの世の概念は大本教の信念体系の核となる部分であるにもかかわらず、環境保護、平和運動などを通して一般社会においてもさまざまな形の影響を与え続けてきた。ここまで述べてきたことをふまえ、王仁三郎が残した予言をもう一度見ておこう。

『霊界物語』の特性

『霊界物語』に記されている予言の特性をひとつの言葉で表すなら、変革ということになるだろう。戦争や天災という目に見える形で起きる変革的な要素についての記述も多いが、新しい時代に向かう人類の内面的な変革に関しても密度の高い言葉が多く綴られている。

全体的なビジョンとしては、既存の枠組みが激烈なきっかけで崩壊し、新しい枠組みが生まれる――そんな流れであるように感じられる。そしてすべてのきっかけは警告として機能し、人々に霊的な覚醒を促すものとされている。

激烈なきっかけというのはさまざまな様相を伴うものだろう。それが戦乱や天災、そして社会・経済的な意味での大きな動きということなのではないだろうか。具体的に例を挙げるなら、的中している関東大震災だ。東日本大震災について語っていると思われる文章もあり、もし本当にそうならば、地震に関して言えば南海トラフ地震が非常に心配なところだ。

戦争・紛争に関して言えば、ウクライナ紛争とイスラエル・パレスチナ紛争が長期化している。2つの大きな紛争をきっかけにして、世界が分断されつつあるのも事実ではないだろうか。こうした状況は、ミロクの世が実現する前の必要条件と見るべきなのか。

『霊界物語』には地震や戦争、政治的な変動など、未来の出来事についての予言が多く含まれている。例えば、大正から昭和初期にかけての日本の社会的・政治的な変動を予見していたとされる箇所がある。これらの予言は、一部の信者や研究者によって現実の出来事と結びつけられ、解釈されている。ただ、多様な解釈が可能であり、その真偽や正確さについては議論が続いている。

ある研究者は、王仁三郎の予言が具体的な出来事を予見していたと主張する一方で、他の研究者はこれを象徴的な表現ととらえている。このあたりはノストラダムスの『予言集』にも共通する要素だろう。偉大な予言者は、一般人とは違った時間の目盛りで生きているのかもしれない。

われわれ一般人は、年代であるとか月日であるとか、そういう誰の目から見てもわかりやすい尺度で予言の価値を決めたがりがちだ。ただ、真実がある場所はそこではないかもしれない。本物の予言のプロセスは一般人が計り知れないほど長いスパンで

か。

進行し続け、節目で可視化する事象が当たり外れの指標になると考えられないだろう

前述のとおり、第二次世界大戦の勃発や日本の敗戦、さらには戦後の復興など、20世紀の日本における重大な出来事について触れられていたとする解釈がある。しかし、これらの予言は一部の象徴的な表現としても解釈されることがあるので、文章の正確な意味を理解するには難しい。

王仁三郎が残した予言は単なる未来予測にとどまらず、人類一人ひとりの霊的な成長を促す教えという意味合いが強い。そうなれば、特に2000年代に入ってからのスピリチュアルブームも予言していたということにならないだろうか。

大きなトレンドとしての予言と考えるなら、当たっているのはそれだけではない。王仁三郎はコミュニティの絆を強化することの重要性を説いている。日本に限っていえば、都市部を離れてあえて田舎暮らしを選び、ひと昔前の言葉を使うなら〝ロハス〟なライフスタイルを求める人たちの絶対数はあらゆる世代で増加している。

王仁三郎はまた、自然と人間の共生も強く意識していた。自然災害に関する予言が多かったことからも、人間と自然の調和が人生における大きなテーマだったのかもしれない。「記録に残っていないほど」の雨が降ったり、高い気温に見舞われたりする異常気象が続く今、王仁三郎の予言が再び注目を集めている。

現代社会においても大きな意義を持つ予言の数々は、単なる未来予測ではなく、社会全体に対する警告や指針として受け容れられるべきものかもしれない。個人レベルでの霊的成長、コミュニティ内の絆、自然との共生という3つの大きなテーマに司られた予言の数々は、大本教信者のみならず、多くの人々に影響を与えていると言わざるをえないのが事実なのだ。

王仁三郎の教えの中核にあるのは、神道的な思想の復興と浄化の概念だ。古代日本の信仰と神道の精神の復興は、単に宗教的な儀式を再興させるだけではなく、個人の精神的浄化と道徳的再生を意味する。数々の予言は、こうした考え方を源として残されたものであり、それを伝わりやすい形で残したのが『霊界物語』である。

天地の大洗濯という概念は、世界全体が一度大きく揺さぶられ、古い価値観や腐敗が一掃され、新しい秩序が生まれるという思想だ。地震をはじめとする大災害や大規模な社会的混乱は大洗濯のプロセスに過ぎない。これを乗り越えて初めて新しい秩序がもたらされる。

天地の大洗濯とコインの裏表のような関係になっているのが「神人合一（しんじんごういつ）」という概念だ。神と人間が一体化することを意味する思想で、人間の内なる神性は自発的に見つけて自ら育んでいくことができると信じていた。天地の大洗濯と同じく、神人合一も未来の混乱や試練を通して達成されると考えられている。

『霊界物語』の影響は、宗教やスピリチュアルな分野にとどまらず、文化や社会全体にも波及している。こうした影響こそが予言の成就にほかならないとする意見もあるくらいだ。

王仁三郎の思想は、日本人のスピリチュアリティに大きな影響を与えた。媒体となったのはもちろん『霊界物語』だ。独特の世界観や人間の魂の成長を強調する考え方は、現代のスピリチュアル運動や自己啓発精神の基盤となっているはずだ。そこから多くの自己啓発書やセミナーが生まれ、内的成長や精神性の向上が強調されている。こうしたトレンドの源泉が『霊界物語』の影響であることを指摘する意見は決して少なくない。

さらには、芸術や文学への影響も大きかった。神話や伝説、霊的ビジョンといった要素がちりばめられた『霊界物語』は、現代の作家やアーティストにインスピレーションを与え続けている。さまざまなジャンルの多くのアーティストが、霊的なテーマや神秘的なイメージを作品に取り入れていることが、ミロクの世の部分的な実現であるとする声もある。

そして、環境問題や社会構造、性差に対する不平等に関する意識の高まりも予言が成就した部分といわれている。自然との調和や人々の平等が強調される王仁三郎の思想は、環境保護運動や社会正義運動にも通じるのではないだろうか。

現代人の日常生活は、何らかの情報端末なしには考えられない。『霊界物語』は、未来のテクノロジーについて述べられている箇所がたくさんある。中でも特筆すべきは、情報通信の発展だ。王仁三郎は、全世界がひとつの情報網を共有することで、世界中の人々が一瞬のうちに同じ情報に触れられる時代が来ると語っていた。

『霊界物語』が王仁三郎の血肉として現代も生き続けていることを信じている人も多いだろう。起きるタイミングまでが明らかな形で示された予言の好例は、関東大震災の発生や第一次／第二次世界大戦の勃発だ。それ以外に関しては、たとえば国連のような機関が設立されることを予言しており、世界中の国々が通貨や言語を統一し、軍備を撤廃する未来を思い描いていた。起きるタイミングを正確に指摘する予言より

も、世の中の枠組み、あるいは大きな構造について語った言葉が多い。

不確定要素がきわめて多い現代では、物質的な成功や技術的な進歩が重視される一方で、多くの人々が内面的な満足や精神的な成長を求めるようになっている。精神世界的価値観を重んじるトレンドも、主流ではないものの定着している。こういう意味合いでも、『霊界物語』のコンセプトが現代人にとっての精神的なガイドとして機能している可能性は十分考えられる。

ならば、ミロクの世が実現する時代はいずれ訪れるのかもしれない。しかし、その前に大きな動き——災難というニュアンスでも受け取れる言葉だ——を経験しなければならない。日本に限っていえば、現状と紐づける形で、南海トラフ地震が起きるのは2025年にちがいないというコンセンサスも出来上がりつつあるのが事実だ。

世界レベルで見ても稀有な存在であるはずのスピリチュアリスト、そして予言者である出口王仁三郎が本当の意味で担っていたのは、神の言葉を託されてそれを多くの人々に伝えるという「預言者」という役割だったのかもしれない。

第4章

ケネディ兄弟の暗殺を的中させた女性予言者 ジーン・ディクソン

賛否両論ある神秘に満ちた女性予言者

ジーン・ディクソンは、20世紀生まれの予言者の中でも最も謎めいていて、さまざまな種類の議論が集中する女性予言者ということができるだろう。カリスマ性を伴ったかなり大胆な予言で何百万という数の人々を魅了し、世界的名声を得た。まさに賛否両論という表現がふさわしい人物だ。

リディア・エマ・ピンカート（ジーン・ディクソンの本名）は、1904年にウィスコンシン州メドフォードで、10人兄妹のひとりとして生まれたとされている。しかし、出生に関する記録が不正確であり、これも謎めいた人生を彩る要素のひとつとなっている。ドイツ系移民夫妻ゲルハルト・ピンカートと妻エマが設けた子どものひとりであるが、ピンカート夫妻にジーンという名前の娘がいたことを示す正式な記録はない。とある伝記作家の調査によれば、リディアという名前の娘の消息だけがつかめなかったため、後に名前を変えてジーン・ディクソンになったのだろうという説が一般的だ。ただし、リディアの生年は前述のとおり1904年であり、後になってジーン・ディクソン本人が公表したプロフィールとはかなりの差がある。

ジーン――ここからはこちらの名前を使うことにする――は物心ついたころからサイキック＝超能力者であることを自認していたようだ。母親のエマはとある占い師と親しく付き合っていて、この人物が家に遊びに来ることが多く、ジーンを見るといつも「この子には特別な才能が宿っている」と語り、ことあるごとに励ましていたという。そんな環境もあって、幼いころから特殊能力の芽のようなものが育まれていたのかもしれない。

実際、ジーンは才能を自覚していたようなところがあった。幼いころから、将来について思いを馳せていたのかもしれない。その証拠に、神秘主義やオカルト思想にも強い興味を示していた。こうした傾向にも理解を示していた家族に対し、ジーンはビジョン体験めいた現象についても打ち明けていた。子どもなので、体験をそのままの形で家族に伝えてしまうのだが、家族も子どもならではの空想と思って聞き流していたようだ。

ただ、そういう態度を見直さざるを得なくなる場面が増え始めた。家族や友人に関する不気味なほど正確な予言を語り始めたのだ。一連の出来事は、家族がジーンの特別な能力を信じるのに十分すぎるものだった。ジーンの少女期の人生も謎に満ちてい

る。占い師から励まされたというエピソードに関しても、ある話では5歳、別の話では8歳の時の出来事だったとして伝えられている。共通しているのは、この占い師から愛用の水晶球をプレゼントされ、これを機に予言能力が爆発的に伸びたということだ。

子ども時代のジーンは、いわゆる神童めいた扱いを受けていたわけではないようだ。十代の頃の記録が出生地にも、時期は特定できないものの後に移り住んだカリフォルニア州サンタ・アナにおいても残されていない。サンタ・アナで残された公的な記録は、1922年にジーン・ピンカートという女性が提出した婚姻届だけだ。ただし、この結婚は長くは続かなかったようだ。1932年に、今度はジェームズ・ディクソンという男性との婚姻届が提出されている。

ジェームズ・ディクソンは南カリフォルニアの不動産業界では知らない者がいないほど有名なビジネスマンで、ジーンの占いの才能についても噂で聞いて知っていたようだ。こうしてジーン・ディクソンが生まれ、経済的な後ろ盾を得た彼女は自らの予言術をあらゆる意味で高めていくための活動に入り、夫ジェームズのネットワークを足掛かりにさまざまな人たちと知り合い、名前を広めていった。公の場で初めて予言パフォーマンスを行ったのは1940年代だったが、全国的に名前が知られ、注目されるようになったのは1950年代に入ってからだ。

スター予言者への道

予言者としての才能を一気に開花させたジーンは著名人の死、政治的要素を含む重要な出来事を次々に予言し、さらに名前が知られていった。予言者として揺るぎない地位を築いたのは1956年だ。この年の民主党全国大会で、大統領候補アドレー・スティーブンソンと組む副大統領候補の最後の二人まで残ったジョン・F・ケネディが全国的に知られることになった。こうした状況の中、ジーンは1960年の大統領選挙で民主党が勝利し、大統領となる人物が在任中に命を落とすことを予言した。

1956年5月13日付の『パレード』誌に掲載されたインタビューで、「4年後の大統領選挙では民主党候補が勝利するが、その人物は暗殺されるか、執務室で息絶える」と語った。

この予言に関してはさまざまな記録があり、決してピンポイントな形で的中させたわけではないという意見もある。しかし、良くも悪くもアメリカ中で知られることと

なり、1963年11月にケネディ大統領がダラスで暗殺されたのを受け、ジーン・ディクソンは能力がきわめて高い予言者であるというコンセンサスができあがった。

もちろん、懐疑的な見方をする人たちも多かった。予言に違和感をあらわにする人たちは、しばしば〝選択的記憶〟という言葉を好んだ。的中した予言は多くの人々によって共有され、強調されるが、当たらなかった予言は単に忘れられてしまったり、軽視されたりする傾向がある。この要素に関しては、いまだに議論が続いている。

ジーンはまた、この時代のアメリカ政治を代表するもうひとりの著名人であるマーティン・ルーサー・キング・ジュニアの暗殺も予言した。しかしこれは『パレード』誌に掲載されたJFK暗殺の予言のように、多くの人々の目に触れる文字記録として残されたわけではない。関係者がジーンから直接聞いたと証言しているので、語ったことは事実だろうが、それを裏付ける決定的な証拠はない。

この予言には具体性が感じられず、その上公民権運動のうねりが高まっていた当時の世相を逆なでするような感覚で受け取られて物議を醸したが、的中したためにジーンの神秘性と能力の高さがさらに際立つことになった。こうしてジーンは、現代アメリカ最高の予言者と称され、エドガー・ケイシーに匹敵する存在として認識されるようになる。

著名人の命に関する予言はそれだけでは終わらなかった。マハトマ・ガンジーやロバート・F・ケネディといった世界的な知名度を誇る政治家の死も予言し、的中させてしまったのだ。人前で予言のパフォーマンスを始めた1940年代のある日、大勢の人々に囲まれたガンジーが亡くなる場面が、具体的で詳細な光景として脳裏に浮かんだ。ビジョンの内容は、次のような言葉に変換された。「インドの重要人物、国民から尊敬されている人物、精神的指導者が暗殺されるところが見えた。暴力的な方法で命を落とすことになる」

1948年1月30日、ガンジーはニューデリーでの祈祷会に向かう途中でヒンズー教民族主義者ナトゥラム・ゴドセによって至近距離から銃撃され、命を落とした。インドはもちろん、世界中に衝撃を与えた暗殺事件である。ジーンが被害者の名前を挙げることはなかったが、後に多くの人がマハトマ・ガンジーだと解釈するようになった。

時間こそかなり離れているが、ロバート・F・ケネディの暗殺に関する予言も、ビジョンが基になっている。その内容は、群集の中に銃を持った男がいて、それを

ＲＦＫに向けているという光景だった。強い危機感を覚えたジーンは、自分が信頼している人たちだけにビジョンについて伝えた。兄ＪＦＫの暗殺については雑誌記事になり、さまざまな波紋を広げることにつながってしまったので、あまり大げさにしたくないという気持が働いたのかもしれない。

１９６８年６月５日夜、ロサンゼルスのアンバサダー・ホテルで行われた予備選の祝勝会の席上、エルサレム出身のパレスチナ系アメリカ人サーハン・ベシャラ・サーハンに至近距離から銃撃されたＲＦＫは病院に緊急搬送されたが、翌日早朝に亡くなった。結果的には予言が的中したことになるが、ＲＦＫ暗殺の予言に関しては、当初は知る人ぞ知るというものだったようだ。

神格化されていく予言者

ガンジー暗殺からＲＦＫ暗殺までの一連の予言によって、ジーンは一部の人々から神格化と形容すべきレベルでの支持を受けるようになった。その後も重要な内容の予言を次々と残し、的中させていく。ジャンルも政治、宗教、科学とさまざまなジャンルにわたった。

政治分野では、ロシアで新しい形態の共産主義が台頭し、最終的には伝統的な意味合いでの共産主義が崩壊すると予言した。これは、1988年のエストニアの国家主権宣言に始まり、1991年の旧ソ連崩壊につながるプロセスの予言として広く知られている。

ジーンが具体的なことを語ったのは1970年代だった。ロシアの共産主義の崩壊を予見し、ソ連が最終的に解体され、新しい形態の政府または新しい指導者が出現すると語った。彼女が語った通り、ソ連は政治的不安や経済停滞、そしてミハイル・ゴルバチョフによって導入されたペレストロイカ（再構築）とグラスノスチ（公開）政策のプロセスを経て、1991年12月26日に正式に解体し、ソビエト連邦を構成する共和国の独立と冷戦の終結が実現した。この出来事に関しては、暗殺に関するいくつかの予言とは異なり、ビジョンを基にしたものではなかったようだ。

ローマ教皇ヨハネ・パウロ2世に対する暗殺未遂事件も予言している。1970年代後半から1980年にかけてのいずれかの時点で、教皇ヨハネ・パウロ2世の命が危険にさらされることを察知し、暗殺未遂事件が起こると予言した。犯人が外国人であることについても語っていた。

1981年5月13日、バチカン市国のサン・ピエトロ広場で教皇ヨハネ・パウロ2世がメフメト・アリ・アジャというトルコ人に銃撃され、重傷を負った。この暗殺未遂事件は発生と同時に世界に配信され、大きな衝撃を与えたが、教皇は大手術を受けて一命を取り留めた。

このようにジーンはさまざまな分野のＶＩＰの暗殺／暗殺未遂事件についての予言を残しているわけだが、批判的な意見を抱く人々はしばしば、事件の内容を明確に言い当てたと納得できるほど具体的ではなく、むしろ著名人に対して当てはまりがちな要素を基にしているだけであり、何らかの脅威にさらされると考えられる人物に対する一般的な予測に過ぎないと主張する。

アメリカの宇宙ミッションの失敗

しかし、ありがちな疑念が通用しないジャンルの予言も存在する。科学分野において、ジーンはアポロ13号ミッションの失敗を的中させた。「アメリカの宇宙ミッションが深刻な問題に遭遇する」という言葉で表された予言は、アポロ計画全体でも例を見ない事故という形で現実化した。宇宙空間での酸素タンクの爆発というトラブルに見舞われ、乗組員の命が危ぶまれるような状況に追い込まれたのだ。この予言が残されたタイミングについては諸説あり、文字化された記録もないため断定はできないが、大まかな流れは当たっていたと認識する人が多いようだ。

1970年4月11日に打ち上げられたアポロ13号は月面着陸を目的とした3番目の有人ミッションだった。しかし4月13日にサービスモジュール（機械船）の酸素タンクが爆発し、重大な故障を引き起こし、月面着陸を中止せざるを得ない状況に追い込まれた。その後、ミッションは宇宙飛行士を安全に地球に帰還させることに重点が置かれ、さまざまな危機的状況に冷静な対処が実施された結果、乗組員全員が地球への帰還に成功した。

事件後、ジーンの言葉を信じる人たちはすぐに反応した。この予言に関しては、重要人物についての予言にありがちな批判は当てはまらないはずだ。彼女が壊滅的な結果をもたらす宇宙ミッションについて語っていたことは間違いのない事実であるし、政治家や宗教家ほど一般人に近い話題でもない。

しかし、疑念がなくなることはなかった。批判の方向性はそれまでと何ら変わらない。核の部分となったのは、キーワードは相変わらず「ありがちな予想と具体性の欠

如」だ。支持派と懐疑派の溝は深まるばかりだった。

アメリカの宇宙ミッションに関して、彼女は別の宇宙プログラムで起きる大惨事についても警告したとも伝えられており、結果として挙げられているのは、1986年にスペースシャトル・チャレンジャー号が打ち上げ直後に空中爆発し、乗組員7名全員が死亡した事故だ。

スペースシャトル・チャレンジャー号事故は1986年1月28日に発生した。チャレンジャー号の機体は打ち上げから73秒後に分解し、乗組員7名全員が死亡した。この悲劇は世界に衝撃を与え、宇宙探査の歴史における忘れられない一瞬となった。原因は、固体燃料補助ロケットに破損が生じたことだった。乗組員にハワイ生まれの日系3世エリソン・オニヅカが含まれていたこともあり、日本人の記憶にも長くとどまる事故となった。

この予言も、アメリカの宇宙ミッションに関する災害について漠然と言及したものという見方が一般的であり、的中という解釈には至っていない。しかし、事故直後からアポロ13号に関する予言がクローズアップされ、それにひもづける方向性で大きな話題になったことはまちがいない。

より広いスコープの予言

具体性の欠如という批判がついてまわったジーンの予言には、戦争や自然災害、そして経済危機や広い意味での政変など、世界的な出来事に関するものも含まれる。目立つところをピックアップすると、第三次世界大戦の開始、重大な自然災害、各国の大きな政治的変化などだ。これらの予言は的中と判断してよいものもあれば、まったく的外れなものもあり、さまざまな方面からさまざまな反応を集めることとなった。

そんな中、ジーンはさらにスケールアップした予言を残す。第三次世界大戦の勃発だ。この戦争は中東での紛争がきっかけとなり、西側諸国と東側諸国の同盟との間に深刻な状況が生まれるという主張だった。ジーンによればこの戦争は壊滅的で、広範囲にわたる荒廃がもたらされるだろうと語った。

いつの時代も政治的な安定期が長続きしない中東地域では、今まさにイスラエルとパレスチナ、イラン、アメリカを巻き込んだ紛争が起きている。今のところはまだ限定的だが、そもそもパレスチナとイスラエルの問題だったものが、本書の執筆時点でイランとアメリカ、そしてシリアやレバノンまで巻き込みながら確実に拡大している

のが実情だ。2024年7月、イランは、支援するハマスの最高幹部ハニヤ氏が訪問中の自国で暗殺され、面子を完全に潰された形となり、ヒズボラとの共同作戦でイスラエル本土攻撃をほのめかしていた。一方のイスラエルは、攻撃を受ければ徹底的な反撃を行うことを表明している。こうした状況から、第五次中東戦争の勃発は秒読み段階に入ったという見立てもある。

ジーンは、21世紀中にこうした状況が確実に起きると予言していた。また、第三次世界大戦の本質が宗教戦争的なもので、より具体的にいうならキリスト教対イスラム教という構図になると語っていた。第三次世界大戦がもたらすものとは何か。それは、世界に大きな変革をもたらす強力なリーダーの台頭だという。

この予言の始まりの部分は、1973年の第四次中東戦争の勃発で的中しているという意見もある。1973年10月、エジプトやシリアをはじめとするアラブ諸国とイスラエルの間に戦争が勃発した。ジーンの脳裏にはこの戦争が浮かんでいたという意見なのだが、少し違うのではないか。第四次中東戦争では第三次世界大戦は起こらなかった。

しかし、本書執筆時点で現在進行形の2023年に始まったイスラエル・パレスチナ紛争の規模は徐々に拡大し、関係国も増えつつある。第三次世界大戦へとつながっていくのは、今のイスラエル・パレスチナ紛争かもしれない。しかもジーンは、中東地域で生じる緊張から生まれる紛争にアメリカが巻き込まれ、重要な役割を果たすことになると何回も語っていた。地政学的要因と国家の関係性から考えれば当たり前かもしれない。この予言に関しては、ここで特に強調しておきたいと思う。

自然災害

ジーンはまた、予言者としてのキャリアの中で、大規模な自然災害についての予言も残している。このジャンルのキーワードは地震と巨大ハリケーン、そして火山の噴火だ。特に大地震を頻繁に予測し、カリフォルニアやその他の地震活動地域で壊滅的な地震が発生する可能性に重点を置くことが多かった。

アメリカ国内で注目したいのはカリフォルニア州だ。有名な地震のホットスポットであるサンアンドレアス断層に焦点を当てていた。以下に、ジーンの予言に関係したと思われるものをリストしておく。

◉ 1971年サンフェルナンド地震（シルマー地震）

日時：1971年2月9日
マグニチュード：6・6

ロサンゼルス郊外のサンフェルナンドバレーで発生した地震で、64人が死亡。病院や高速道路、ダムなどのインフラに深刻な被害を与えた。特にシルマーにあった病院の倒壊が注目された。

◉ 1989年ロマ・プリータ地震

日時：1989年10月17日
マグニチュード：6・9

サンフランシスコのベイエリアで発生し、63人が死亡した。この地震はワールドシリーズの試合が行われている最中に発生し、サンフランシスコのマリーナ地区とオークランドの高速道路の崩壊が大きなニュースとなった。

◉ 1994年ノースリッジ地震

日時：1994年1月17日
マグニチュード：6・7

ロサンゼルスのノースリッジを中心に発生し、約60人が死亡、数千人が負傷。多くの建物が倒壊し、経済的な損害は200億ドル以上に達した。この地震は、アメリカの都市部で発生した地震の中でも最も被害が大きかったものの一つとして記録されている。

◉2019年リッジクレスト地震

日時：2019年7月4日および7月5日
マグニチュード：6・4（7月4日）と7・1（7月5日）

カリフォルニア州南部リッジクレスト近郊で2日連続して発生した地震で、特に5日の地震が大きかった。この地震により、広範囲にわたるインフラの被害が報告された。

ジーンは州を壊滅させるような規模の大地震が発生する可能性についても警告している。予言の内容はカリフォルニア州一帯での大地震に関する長年の科学的懸念と一致する。そして震源地や発生のタイミングが限定されていない事実がしばしば問題視されている。

スーパーハリケーンとスーパーボルケーノ

アメリカでは、日本ではとても考えられないようなレベルの被害をもたらすハリケーンがしばしば発生する。ジーンは、メキシコ湾岸を襲う未曾有(みぞう)の「スーパーハリケーン」発生の可能性についても頻繁に語っていた。特定のハリケーンを正確に予測したという明確な証拠はないものの、予言の言葉に思い当たることを感じる人は決して少なくないようだ。

誰もが脳裏に思い浮かべるのは、2005年のハリケーン・カトリーナだろう。この年の8月23日、バハマ付近で発生したハリケーンが翌日にフロリダ州南部を直撃し、一度メキシコ湾に出て勢力を増し、カテゴリー5のレベルまで発達した。8月29日にはカテゴリー3まで弱まったものの、ルイジアナ州ニューオーリーンズ付近に上陸してミシシッピ州からアラバマ州までにわたる広範囲で大きな被害をもたらした。死者の総数は1800人余りに達し、ニューオーリーンズ市内では都市部の80%が洪水に見舞われ、数十万人が家を失った。

洪水といえば、水位の変化も関連する。アメリカに限らず世界のさまざまな地域で起きる可能性がある大規模な洪水に関する予言も残している。ただ、洪水に関しては突発的なものではなく、緩いペースで進む気候変動に伴う海面上昇を意味していたのではないかという解釈がある。たとえばベネチアが水没する危機についてはイタリア政府の長年の懸案であるし、太平洋に目を向ければキリバスなどの島国が国土を失い続けているという事実もある。

火山噴火に関する予言もある。このジャンルの予言で最も有名なのは、イタリアのベスビオ山が噴火し、広範囲にわたる破壊を引き起こすというものだ。イタリア南部のナポリ湾近くに位置する活火山であるベスビオ山が噴火する可能性は否定できない。西暦79年8月24日の大噴火の逸話は有名だ。２００９年に行われたナポリ大学による調査では、１００年以内に大噴火が起きる確率は27パーセントという結論が出されている。１９４４年に11日間続いた噴火があったが、今のところは落ち着いている。ナポリ周辺地域は人口密度が高いため、ベスビオ火山の活動が続く中で防災計画が重要視され続けている。イタリア政府の火山研究機関はリアルタイムで火山の動き

を監視し、噴火の予兆が見られた場合には迅速な避難が可能となるよう体制を整えているのが事実だ。

アメリカのワイオミング・モンタナ・アイダホの州境にまがるイエローストーン国立公園の地下には、イエローストーン・カルデラと呼ばれる地球最大級の火山が横たわっている。直径が48〜72キロの火山は、過去何回も噴火を繰り返しており、今は休止期に入っていると考えられている。ただし、イエローストーン・カルデラが活火山であることはまぎれもない事実だ。かなり長い期間にわたってマグマが溜まり続けているため、噴火すれば地球規模で大きな被害が出ることはまちがいない。

よりスケールが大きな予言としては、環太平洋火山帯の活動に関する言及もある。ごく最近では、２０２４年の4月から8月にかけてインドネシアのルアン火山が噴火している。人的被害はほとんどなかったが、周辺地域では電力が遮断され、通信網がダウンするという状況が起きた。この事例を見る限り、ベスビオ山やイエローストーンも含め、厳重な監視体制を維持し続けることが大切になるだろう。

政変・政治体制の変化に関する予言

前述した限定的な地政学リスクに加え、ジーンはより広いスコープの政治状況に関する予言も残している。数多くの政治指導者の台頭と没落について頻繁に語り、異常な状況や極端な状況下で特定の人物が権力を握るメカニズムについて語った。たとえば、世界情勢に大きな影響を与える強力な指導者が東洋から出現するという予言がある。これは中東やアジアの指導者を含むさまざまな人物を指していると解釈される場合が多い。現時点で例を挙げるなら、アジアでは中国の習近平国家主席、地理的に近いロシアのプーチン大統領、そして緊張が絶えない中東地域の国家のリーダーの誰かということになるのだろうか。

反キリスト者の登場と新しい世界の指導者

政変に関する予言の流れで、個人的に気になることがある。先に触れた第三次世界

大戦後に現れるという強力なリーダーの台頭にまつわる予言にも関係する。「反キリスト者」の台頭だ。世界を大混乱の時代へと導くこの人物は21世紀中に出現し、広範囲にわたる政治的混乱を引き起こし、世界的紛争を巻き起こす可能性があるという。

1962年のある日、ジーンは中東系の若い男性が出てくる夢を見た。この人物は当初こそカリスマ的な指導者と見なされるが、最終的には破滅をもたらす。

1969年の著書『My Life and Prophecies』の中で反キリスト者として初めて触れたこの人物は、1962年2月5日に生まれている。ちなみにこの日は、太陽系の主要な惑星がほぼ一直線に並ぶ惑星直列という現象が起きている。

この夢は強烈なイメージとともにジーンの脳裏に刻まれたようで、複数のインタビューにおいて言及している。彼は着々と権力の階段を登り続け、やがて世界政治の表舞台で中心的な役割を担うことになる。

反キリスト者はカリスマ性に満ちたリーダーだが、大衆を欺き世界を混沌の中に追いやる。名前が知られ始める過程では救世主として受け容れられるが、世界レベルでの信用を得てから徐々に邪悪な本性を現す。1962年の誕生から数十年という長いスパンにわたって影響力が増大し続け、1990年代または21世紀初頭に台頭し、世界的な混乱を引き起こす。戦争や紛争を含む主要な世界の出来事に直接的・間接的に関与し、世界統一政府の樹立に重要な役割を果たす。そしてこれが、より大規模で邪悪な計画の一部となる。

陰謀論に興味がある人なら「世界統一政府」というワードに食いつくはずだ。この反キリスト者は、いわゆるニューワールドオーダーあるいはワンワールド・オーダーを率いる存在となる。

近年の予言

1997年に他界したジーン・ディクソンは、2023年以降の時代に関する具体的な予言は残していない。しかしディクソンの遺産には長期的な予言やビジョンが数多く含まれており、2023年を含む将来の年に適用できるようになっている。こうした予言は特定の年に関する具体的な予測ではなく、より一般的で広範な性質のものである。

◉統一宗教の出現

宗教思想が統一される状況を予見し、これによって人々が精神的啓蒙と平和の新時

代へと導かれていくことを予言した。現状を見ると、各宗教間の対話と協力に向けた動きはあるものの、宗教戦争的な色合いの濃い局地的な紛争も存在し、世界宗教の完全な統一は現在進行中の困難なプロセスである。

◉テクノロジーの進歩

人々の生活や交流のあり方を変えるテクノロジーの著しい進歩を予言した。このジャンルに関しては的中した感が否めない。特にAIやバイオテクノロジーといった分野の急速な発展は、この予言の一部とみなすことができるし、的中していると言っても差支えないのではないだろうか。

◉経済の変化

金融危機や世界的な経済力のシフトなど、著しい経済的変化に関する予言を残した。インフレ、市場の変動、経済政策の変化などの経済的課題は、このビジョンの一部であると解釈できる。暗号資産の誕生や2024年8月の日米同時株価大暴落など、歴史的な出来事もある。この分野の予言に関しては、これから先の時代も的中という解釈が増えていくのではないだろうか。

ジーンの長期的な予言の数々は、今でも多くの人々の関心を惹きつけている。それぞれの時代の不確定要素を盛り込みながら、さまざまな見方が可能な幅広いテーマに向けての言葉は、後々の時代までジーンのビジョンにまつわる言葉として語り継がれていくだろう。

1997年1月25日、ジーン・ディクソンは心臓発作を起こし、ワシントンD.C.のシブレー記念病院で亡くなった。死の直前彼女は「こうなることはずっと昔からわかっていた」語ったという。

彼女の予言は、すべてが的中したわけではない。ジーン・ディクソン効果という言葉もある。これは、ある人物が少数の予言を的中させたと認められる一方で、多くの予言が外れた事実が忘れられ、そのため的中率が高く感じられることを意味する。ジーンが残したJFK暗殺の予言とその他の予言の関係性を端的に表した言葉であると解釈されている。ジーン・ディクソンという存在はこうした選択的記憶の概念によって支えられているという意見もある。

アメリカには、ジーンの一世代前に活躍したエドガー・ケイシーという偉大な予言者がいた。第2章で紹介したように、神秘性に満ちた〝眠れる予言者〟として知られ

ていたケイシーと比べ、ジーン・ディクソンはポップカルチャーという枠組みの中でこそ光り輝く予言者だったのではないだろうか。そしてアメリカやイギリス、ヨーロッパにおいて、１９７０年代あたりからジーン・ディクソンタイプの予言者の活躍が目立っているような気がする。

第5章

ブルガリア政府公認の予言者
ババ・ヴァンガ

バルカン半島のノストラダムスと呼ばれ

現代の偉大な予言者の中で、どうしても外すことはできないのがババ・ヴァンガだろう。本名はヴァンゲリヤ・パンデヴァ・ディミトロヴァだが、予言者として知られるようになってからは、誰もが親しみを込めて「ババ・ヴァンガ」と呼ぶようになった。ババというのはブルガリア語で「おばあちゃん」という意味なので、「ヴァンガおばあちゃん」という響きの呼び方になる。とても柔らかい感じの呼び名だが、外見とまったくマッチしない「バルカン半島のノストラダムス」というニックネームもある。

1911年1月31日、ヴァンガは当時のオスマン帝国（現在の北マケドニア）の一部だったストルミツァという町に住む貧しい一家に生まれた。父親はマケドニア問題の活動家として知られた人物で、自らの道を信じて突き進むライフスタイルが家族にもさまざまな影響をもたらしたようだ。

未熟児で生まれたヴァンガは、生まれた時からさまざまな合併症と貧困に悩まされながら、悲惨な幼児時代を過ごした。母親を亡くしたのもわずか3歳のときだ。父親が小さな女の子の世話を完璧にこなせるわけがない。近所の人々の助けがなければ、無事に育つことはなかったはずだ。体が丈夫とはいえなかったが、ヴァンガは聡明な女の子に育った。物心がついてからは、近所の子どもたちを集めては花や薬草をすり潰し、〝薬〟を作って遊んでいたという。やがて父親が再婚し、新しい兄弟姉妹たちと一緒に1923年にペトリチという町に移り住むことになった。

人生が根本から覆されるような悲劇的事件に巻き込まれたのは、12歳のときだった。立ち木を引き抜くほどの猛烈な勢いの竜巻に巻き込まれて体ごと持ち上げられ、地面に叩きつけられた。目が覚めたときは家からかなり離れた野原に倒れていたという。村の住人が総出で探し、発見されたのはかなり時間が経ってからだった。

両親と近所の人々が見つけてくれたときには、すでに両目に大量の砂と塵が入ってしまっていた。応急手当が行われたが、完全な治療とは程遠いレベルだった。これが原因で、ヴァンガは徐々に視力を失っていく。両目が埃と砂でひどく傷つけられ、当時考えられる最良の治療を施したものの、徐々に視力が失われていった。そして16歳を迎える頃、完全に光が失われてしまった。ただ、光を失う代わりに〝特別な才能〟

を授かることになった。他の人が目を通してごく普通に見えるものは見えなくなってしまったが、他の人がどんなに努力しても見えないものが見えるようになったのだ。

歴史に名を残す予言者にはよくあることだが、ヴァンガに関しても事実と伝説的な逸話を厳密に区別することは難しい。不思議な能力にまつわる話も後づけのような形でいくつも生まれている。ヴァンガが最初に不思議な能力を発揮したのは、なくなったものの場所を言い当てることだったという話がある。ある日、父親が放牧していた羊がいなくなってしまった。このときヴァンガは、目が見えないにもかかわらず、羊の居場所を正確に言い当てた。羊は村人に盗まれた上、誰も知らない場所に隠されていたという。

この噂が広がるまで、大した時間はかからなかった。この直後から、村人たちが相談を持ちかけるようになる。相談の多くは、戦争に行った恋人や息子など、愛する人々が戦地でどう過ごしているかについての質問だった。

ヴァンガ自身も、徴兵された兄が家を出て戦地に向かうとき、泣きながら止めたという。23歳で戦死してしまうことが〝見えた〟からだ。もちろん、兄はそのまま戦地に赴(おもむ)いたが、ヴァンガが予言したとおり23歳で敵軍の捕虜となり、銃殺されてしまった。

町の住人しか知らなかった彼女の不思議な能力の話がブルガリア中に広がるまで、そう長くはかからなかった。毎日多くの人々が訪れるようになり、それにつれて特殊能力がさらに伸びていく。まだ起きていないことが次々と脳裏に浮かび、精神世界の住人たちが語りかけてくる声が絶えることはなかった。

「村の霊能者」から政府公認の予言者へ

毎日自宅を訪れる人たちの悩みを聞いたり、相談に乗ってアドバイスしたりしながら暮らしていた彼女の評判を決定づけるきっかけになったのは、第二次世界大戦だ。愛する人の消息を求める多くの女性たちに正確な情報を与え続ける活動を通し、能力者としての評判が高まっていく過程で、きわめてローカルな予言者だったヴァンガは、ブルガリア中から注目を集めるような予言を行う。１９４１年4月6日のドイツ軍によるベオグラード空襲を予言し、的中させたのだ。

これをきっかけに、都会に住む知識階級の人々や政治家までがヴァンガを訪れるようになった。ブルガリア首相ジャン・ヴィデノフやブルガリア共産党第一書記トド

ル・ジフコフも、ひそかに相談をもちかけていたようだ。元大統領ペータル・ストヤノフが大統領の椅子を手に入れられたのも、選挙戦が始まる前に彼女を訪れ、アドバイスを受けたからだという話もある。

そして彼女のネームバリューを確実にしたのは、ブルガリア国王ボリス3世が1943年に亡くなるという予言だった。心臓発作による突然死に見舞われたボリス3世は、前年にヴァンガを訪れていた。

第二次世界大戦中は、ブルガリアに進駐したヒトラーがヴァンガの名声を聞きつけ、ペトリチを訪れたという話も伝えられている。このときヒトラーは、きわめてストレートな質問をぶつけた。自分が世界制覇を遂げ、すべてを支配する日が来るか尋ねたのだ。ヴァンガは即座に、珍しく強い口調で「そんな日は絶対に来ません」と答えたという。

ブルガリアの政治機構のトップまでが相談を持ちかけていたため、1945年に国内政治の実権を握った共産党もヴァンガの活動には一切干渉しなかった。それどころか、しばらくしてヴァンガのために予算を計上し、ブルガリア史上初の政府助成金付予言者として認定した。身分を保証されたヴァンガは、その後も次々と重要な予言を行い、的中させていく。

ここで紹介しておくべきなのは、スターリンの死に関する予言だろう。スターリンが亡くなったのは1953年3月5日だが、ヴァンガは1940年代後半か1950年代はじめの時点で予言を残していたとされている。しかし口伝えという形式だったので、正確な日付を特定するのは不可能だ。

やがて地元の村議会が会見を調整する組織を設立し、スケジュールを管理することになった。これを機に面会には一定の料金が設定され、同時に給料の支給が決定された。こうしてブルガリア政府公認の予言者という立場を得ることになったヴァンガは、1963年7月26日に起きたユーゴスラビアのスコピエ地震も的中させた。震度6の地震によってスコピエの中心街は壊滅的な打撃を受け、死者1100人、負傷者4000人が出る大惨事となった。戦争や自然災害に関するビジョンは、有名予言者にとって宿命のようなものなのだろう。見たくなくても見せられてしまうという言い方が正しいかもしれない。

共産党の一党独裁体制が終焉を迎え、ブルガリアが共和国体制になった1990年以降も、大統領を含めた政府上層部はヴァンガとの関係性を密に保ち、意見を求めて

いたという。この頃になると、ババ・ヴァンガというニックネームがすっかり定着していた。

彼女が精神世界の住人とコミュニケーションをとったり、未来の出来事を知らされたりする上で媒体となるのは、普通の人には見ることも感じることもできないエンティティー（存在）だ。これを通し、数十年にわたる長いスパンでもたらされた予言は世界的な事件や自然災害、政治的混乱などさまざまなジャンルをカバーしている。

チェルノブイリ原発事故とソ連の崩壊

ブルガリア政府公認予言者という立場になったヴァンガの予言は、対象が広くなった。80年代の出来事に関する予言で特筆すべきは、チェルノブイリ原発事故とソ連崩壊だろう。核エネルギーに関わる大惨事がソ連で起きるという予言は、史上最悪の原発事故という形で実現してしまった。

「北半球で大規模な核災害が発生し、広大な土地に毒が広がり、人間と動物の両方に影響を及ぼします。その影響は今後何年も続くでしょう」

非常に範囲が広い言い方だが、チェルノブイリ原発があるのは北半球だ。チェルノブイリ原発4号炉の爆発後には、ヨーロッパ中に放射能汚染が広がった。事故は人間の健康、野生生物、環境に長期的な影響を及ぼしており、「その影響は今後何年も続くだろう」という部分はもちろん的中している。

そしてヴァンガは、ソビエト連邦の崩壊について、実際に起こるずっと前から予言していた。次のような言葉が用いられた。「東の大帝国は崩壊し、その国民は力を失う。帝国の子孫は立ち上がるが、分裂し、散り散りになる」

この文脈で、「東の大帝国」というのは東ヨーロッパとアジアで支配的な勢力を誇っていたソビエト連邦であると解釈された。「崩壊する」というフレーズはもちろん、1991年に起こったソビエト連邦の最終的な崩壊を指していると考えられている。

西側諸国ではほとんど知られていなかったババ・ヴァンガの名前が広く知られるきっかけとなったのは、2000年8月12日にバレンツ海で起きたロシア北方艦隊の巡航ミサイル原子力潜水艦クルスクの爆発沈没事故だ。この事故に関しての予言は、次のような文言だった。「クルスクが水の中に沈み、世界中が喪に服す。事故が起きるのは1999年、あるいは2000年どちらかだが、月は8月でまちがいない」

この予言の存在が明らかになったのは事故の1ヶ月後だったが、ヴァンガ信奉派の人々は、スターリンの死やソ連崩壊を言い当てたときと同じく、当然の出来事として受け取っていたにちがいない。しかし、疑念をあらわにする人々も少なくなかった。『スケプティック・レポート』誌は、ヴァンガの予言の検証記事を展開した。

〝クルスクという単語は潜水艦の名称であると同時に都市名でもあり、予言では地名ではなく乗り物に関するものであることが明らかにされていない。本誌は彼女の予言の総数も的中数も確認していないが、ロシアの心理学者タティアナ・ソモバによれば、霊能力によってもたらされる予言の存在は事実の後になって初めて明らかにされることがきわめて多く、ヴァンガの予言に関していえば、大多数が実現してはいない〟

イギリス王室とアメリカに関する予言

はたしてそうだろうか。別のジャンルの予言についても見てみよう。ヴァンガは、ダイアナ元妃が自動車事故で悲劇的な死を遂げると語っていた。この予言は、1997年8月31日にパリで起きた自動車事故という形で実現した。20世紀後半に「英国王室の一員」に悲劇が降りかかることを予見していたのだが、ダイアナ妃という言葉を使ったという事実はない。一般的には、英国王室にゆかりのある著名人の死に関する予言をしたと認識されている。この予言に関しては、事故後初めて注目を集めたというのが事実であるようだ。

漠然とした言い方ではなく、おどろおどろしくもはっきりした言葉で残されている予言もある。1989年、ヴァンガは次のような予言を残した。

〝恐れ、恐怖。鋼の鳥に襲われた後、アメリカの双子が崩れ落ちる。オオカミが藪（やぶ）の中で遠吠えし、罪なき血が流される〟

2001年9月のアメリカ同時多発テロを意味したものであることは言うまでもないだろう。「オオカミが藪の中で遠吠えし」という部分は特に意味深長だ。アメリカ同時多発テロは、ウサマ・ビン・ラディンが果たした役割も含め、ブッシュ元大統領が仕組んだアメリカ政府内部の犯行だったという陰謀論がある。それを踏まえて考えると、言葉の響きの恐ろしさがさらに増すような気がする。

アメリカに関するストレートな内容の予言はこれだけではない。〝アメリカ第44代大統領は黒人で、最後の大統領となるだろう〟という気になる内容だ。誰でも知っているとおり、第44代アメリカ大統領はバラク・オバマ氏だ。的中精度としては前半だけ

でも驚きだが、気になるのは最後の大統領という言葉ではないだろうか。オバマ大統領は幸いにして暗殺されなかったし、アメリカ合衆国における大統領制度が崩壊するような事態も起こらなかった。ヴァンガの本意は、より基本的でより大きな視点にあったのかもしれない。

第44代アメリカ大統領に関する予言はこれだけでは終わらない。黒人大統領がその座を去った後、未曾有の経済危機と経済紛争が起きるというのだ。

〝誰もが彼に希望を託すが、それとは正反対の状況が起きる。彼は国を破滅させ、北と南の国々の紛争が激化する〟

オバマ大統領の登場を機に、アメリカは危機的状況を迎えるかのような予言が相次ぐ。まずは経済の崩壊だ。漠然とした内容ではあるものの、２００８年リーマンショックを真っ先に思い浮かべる人もいるはずだ。国内住宅市場の悪化によるサブプライム住宅ローンから始まった危機は、世界最大級の投資銀行であるリーマン・ブラザーズ・ホールディングスの経営破綻にまで発展し、それが世界金融危機の直接の原因となった。１９２９年の世界恐慌以来の不況として多くの人々の記憶に残っている。

こうした状況を何とか乗り切った後に待っているのは、重大な政治的不安と分裂による国家の弱体化だ。２０１３年あたりからのアメリカ社会は、「ブラック・ライヴズ・マター」運動や、それと同時期に大きなうねりを見せ始めたＬＧＢＴ関連の運動など、大きな流れが目立っている。あちこちで暴力的なデモが起こり、それにつれて略奪や銃乱射事件なども相次ぎ、まさに政治的不安と表現すべき状況が生まれている。

そして、２０２０年のアメリカ大統領選挙によってもたらされたのは国家の分断だった。アメリカは国境の鉄の壁で、隣接するメキシコと目に見える形での分断を生み出した。２０２４年7月、任期半ばにして次期大統領選挙からの撤退を表明したバイデン大統領には、移民問題の責任を問う声が集中している。ヴァンガの予言の数々を見ていくと、アメリカに関するものの精度がひときわ高いような気がしてならない。

ヴァンガはさらに、アメリカを含む大国が深く関与する紛争が第三次世界大戦にエスカレートするという予感を抱いていたようだ。これは、本書執筆時点で混迷を深めつつあるイスラエルとパレスチナの対立のことなのではないだろうか。アメリカはイスラエルに対してさまざまな便宜を図ってきたが、ここにきて手に余っているのではないかと指摘する声もある。イスラエルが暴走してしまえば、第三次世界大戦勃発は、最悪ではあるが決してありえないシナリオではないし、事実ものごとはそれに近い方

向へと進んでいる。

これから世界で起きること

以下に、ヴァンガが残した世界レベルの予言を記していく。その中には、人々と町を覆う巨大な波のビジョンも含まれていたようだ。これは2004年に起きたインド・スマトラ沖地震で発生した津波が周辺地域に壊滅的な被害をもたらした事件と関連付けられることがよくある。

しかし、2011年3月11日に起きた東日本大震災で、真っ黒な津波が内陸部まで押し寄せる映像を見た人々の中には、ヴァンガの予言を脳裏に思い浮かべた人も多くいたはずだ。

また、ヨーロッパがイスラム過激派集団によって侵略されることを主張していた。この予言を2010年代初頭のISISの台頭と、それによってもたらされた混乱に結び付けて考える人は多い。その後の時代の予言について、目立つものを紹介しておきたい。

◉ Brexit

ヴァンガは、ヨーロッパ大陸が2016年までに存在しなくなるという予言を行っていた。なくなるという意味が物理的な消滅を意味するのか、あるいは比喩にすぎないのかについての議論があったが、結局は数々の危機が重大な政治的変化をもたらすことを意味するものと解釈されている。これは、イギリスがEUを脱退した、いわゆる Brexit を予言していたと考える人が多い。

◉ 2018年に中国が超大国となって世界をリードする。発展途上国は搾取の対象という立場から離れ、今度は搾取する側に立つ。石油の生産が完全にストップする。この年が、〝太陽からの電波〟が届く最初の年となる。宇宙で生命体が発見され、地球誕生の謎が解き明かされる。

◉ 2013年に、地球の軌道がわずかに変化する。

恐ろしげな内容ばかりに思えるが、ヴァンガは全地球レベルの立場から、世界意識とも言えるものに関する予言も残している。エヴァンジェリア・〝ヴァンガ〟・ディミトロワという名前をギリシャ語に訳すと、〝善き知らせを運ぶ者〟という意味になる。それにふさわしい内容の予言と言えるだろう。

より多くの人々にとって記憶に新しい2020年代に入ってからの予言についても見ておこう。全体的なイメージとして言えるのは、ヴァンガの脳裏に浮かぶ未来の世界は決してユートピアではなかったということだ。

2020年は世界にとって悲しみと災難が待ち受けている――そんな言葉で始まる数々の予言の中で最初に触れておくべきは、「ドナルド・トランプが謎の病気にかかる」というものだ。トランプ大統領が、すでに世界中で猛威を振るっていた新型コロナウイルスに感染したのは2020年10月だった。謎の病気というニュアンスも含め、これは的中したといっていいのではないだろうか。

パンデミック関連では、亡くなる数年前に残した予言に関する信ぴょう性の高い証言もある。1990年代に入ったばかりの時点ですでに「コロナ」という言葉を使っていたというのだ。ヴァンガと面会したブルガリアの体操指導者ネシュカ・ステファノバ・ロベバ氏が自身のSNS上で「ババは『ネシュカ、コロナが私たちの至るところにある』と話していた」という文章をアップしている。ただ、ロベバ氏本人はその時コロナという言葉が何を意味するのかわからなかった。新型コロナウイルスが猛威を振るい始めたタイミングで初めて、ヴァンガの言葉を思い出したようだ。

「2022年にも新たなパンデミックが起きる」という予言に言及する人々も多い。ここで注目したいのは、あえて〝にも〟と言っていることだ。結果的には、これも的中ということになると思う。コロナウイルスは変異を続け、その過程でまったく別のウイルスになっているという解釈もある。そしてコロナは変異しつづけ、2024年に入ってからも日本でさえ第10波、11波の到来について言及する専門家がいるのが事実だ。

2022年に関しては、特徴のあるもうひとつの予言が残されている。エイリアンの地球侵略だ。この予言に関し、筆者には思い当たることがある。2022年5月17日、アメリカ下院情報特別委員会の小委員会で、約50年ぶりとなる「未確認飛行物体に関する公聴会」が開催された。これがきっかけとなって翌2023年7月にも元軍関係者を証人に迎えて第2回公聴会が行われ、9月にはメキシコの国会でも公聴会が行われてエイリアンのミイラまで公表された。ヴァンガの言葉通り〝侵略〟とまではいかないものの、このジャンルの話題で世界中が盛り上がったことはまちがいない。

さらには、世界中の大都市が著しい干ばつと水不足に見舞われるという内容の予言もある。イギリスは1935年以来最も乾燥した7月を経験したばかりで、政府は

2022年8月12日に公式に干ばつを宣言し、ロンドンの干ばつが新年まで続く可能性に警鐘を発した気象の専門家もいた。フランス、イタリア、ポルトガルなどでは記録的な干ばつと壊滅的な山火事が発生している。山火事はアメリカでも猛威を振るった。これは1200年ぶりの「メガ・ドラウト」(巨大干ばつ)に起因するものだ。この傾向は2023年まで続き、カナダで起きた山火事の煙がニューヨークのマンハッタンの空をオレンジ色に染めるほどだった。

オーストラリアとアジアが大洪水に見舞われるという予言もある。2022年7月、シドニーではわずか4日間で8ヶ月分の雨が降り、その後も3度の大規模な洪水が発生した。アジアでもきわめて強い勢力の熱帯低気圧が発生し、6月にパキスタン、10月にはインドネシアが史上最大級の豪雨と洪水の被害を受けた。

2023年の予言は、さらにスケールアップされている。ヴァンガは特定地域や地球に限る形ではなく、広大な宇宙を満たすものを感じ取っていたのだろう。最も憂慮すべき予言のひとつは、地球に大きな影響を与える可能性のあるソーラーストーム＝太陽嵐に関するものだった。「太陽嵐」という用語は、太陽フレアやコロナ質量放出など、太陽表面で起きる各種の現象を意味することもある。コロナ質量放出はプラズマの巨大な噴火であり、もし地球に到達すれば磁気嵐を引き起こし、電力網を破壊して広範囲にわたる大混乱を引き起こす可能性がある。

2024年に関しては、どのような予言があったのか。

◉テクノロジー革命

特筆すべきは、量子コンピューターの飛躍的進化だ。これによって産業革命に近い状態が起き、金融やヘルスケア、サイバーセキュリティの業態が変わってしまうかもしれない。現時点でもAIの生成能力が格段に上がっており、しかも2023年よりもはるかに身近な技術になっていることが感じられるので、予言に一定以上のリアリティが感じられる。

◉経済の停滞

2024年は、経済面での大きな波が訪れたが、世界全体を覆うレベルの経済危機についてのヴァンガの予言がある。個人・国家レベルを問わない債務の増加、複数地域における地政学的要素がもたらすリスク、そして西側世界が主な舞台だった経済の主役に東側世界の諸国が参入してくるという見立てだ。日本を軸にするなら、34年ぶりという円安傾向に見舞われた。内容としては、これもかなり身近な予言ではないだ

ろうか。

◉サイバーアタックの増加

2024年は、過去数年とはくらべものにならないほどサイバーアタックが増加するという予言も残されている。ターゲットになるのも私企業だけではない。送電網や飲料水供給システムといった生活インフラが狙い撃ちされる。こういうタイプのサイバーアタックが続けば、国家レベルの危機が訪れるだろう。日常生活の様々な局面がネット由来になっている今、たとえば銀行間の相互振込み機能がストップしてしまったらそれだけでパニックが起きるだろうし、そういう事例も実際に起きている。内容がエスカレートしないという保証はどこにもない。

◉VIPの暗殺

ウラジミール・プーチン大統領に対する暗殺事件が起きるという予言が残されている。これが成功するのか失敗に終わるのかはわからない。犯人はロシア人であるという。また、ヨーロッパにおけるイスラム過激派によるテロ活動についての予言もあるが、こちらはすでに、3月下旬にモスクワ郊外のコンサート会場で145人の犠牲者が出た銃乱射事件という形で実現してしまった。この事件に関しては、ISKPというイスラム教原理派のテロリスト集団が犯行声明を出している。

◉ETとの遭遇

そして2024年の予言でも、地球外生命体との遭遇、あるいは地球外生命体にまつわる事件に関するものが残されている。2022年からの予言、そしてアメリカやメキシコでの国会レベルでのエイリアン関連の話の流れを見ていると、いよいよ2025年には何か大きなことが起きるのではないかと期待してしまう。

本書で紹介しているほかの予言者とちがい、ヴァンガは自ら進んで科学との関係性を構築しようと試みていたようだ。ブルガリアの首都ソフィアにあったサジェストロジー／超心理研究所という施設で、ヴァンガの予言能力に対する本格的な検証プログラムが発足した。この施設で集中的に行われたのは、ヴァンガが特に得意とする行方不明者の捜索に対する検証だ。ちなみに、この分野の予言の精度は約80パーセントだったという。

国家公認の予言者という特別な地位にあったヴァンガが残した言葉すべてが予言として成立しているかといえば、決してそうではない。それに、彼女が残したすべての予言がそのまま公表されているかといえば、確認する術はない。ただ、一般的に言わ

れているところによれば、ヴァンガの予言表が終わるのは5079年。単に〝世界の終わり〟という文字が記されているという。

2025年から5079年まで

2025年から世界の終わりとされている5079年までの予言の中で、目立つものを紹介しておこう。

◉2028年

人類が新しい革新的なエネルギー源（おそらく制御された核融合）を発明。世界の飢餓が根絶され、人類は初めて金星に降り立つ。

◉2043年

世界経済が活況を呈し、ヨーロッパがイスラム化する。

◉2066年

イスラム教のローマを包囲しているアメリカが、行く手を阻むものすべてを凍らせることができる「環境破壊」兵器を発見する。

◉２０７６年
カースト制の社会システムが崩壊し、マルクス主義社会主義が台頭する。

◉２０８８年
ごく短い時間の間に人体内の細胞を老化させるウイルスが出現する。

◉２１２３年
小国同士が絶えず争い、超大国は介入を拒否する。

◉２１３０年
地球外生命体の助けを借りて、水中に社会が築かれる。

◉２１８３年
火星の植民地が自給自足となり、地球からの独立と主権を要求する。

◉２１９５年
海中のコミュニティがエネルギー開発と食料生産において完全に自立。

◉２２７９年
科学者がブラックホールと宇宙の物質の曲がりを利用して、無からエネルギーを生成できることを発見。

◉2288年
タイムトラベルが実現する。また、宇宙人と地球人類が接触する。

◉2296年
太陽フレアが日常的になる。重力による引力が変化し、宇宙ステーションと衛星が地球に墜落。

◉2354年
予期せぬ問題によって地球で深刻な水不足が発生する。

◉3005年
火星で無政府状態と戦争が支配。惑星の軸が大きく変化する。

◉3797年
惑星上のすべての生物が消滅。しかし、人類は新しい太陽系に植民地を築くことになる。

◉3854年
文明の進歩が止まり、人類は秩序を取り戻すために部族主義に頼る。

◉3874年
新しい宗教がすべての社会グループで大人気となり、預言者がまったく新しい教会を設立する。

◉3878年
教会は長らく忘れられていた科学的原理を教える。

◉4302年
教会が科学と技術の発展を受け入れたことにより、都市と文明社会が再び出現する。

◉4308年
脳の著しい発達により、人類は悪意と利己心が少なくなる。

◉4509年
人間は新しい道徳観念を通じて神とコミュニケーションをとるようになる。

◉4674年
人類の繁栄がピークに達し、3400億人の人間が複数の惑星に住むようになる。地球外生命体と人間が混ざり合い、ヒューマノイド型地球外生命体が誕生する。

◉5076年

既知の宇宙の限界が発見される。

◉5078年

人類は既知の宇宙を離れることを決意するが、人類の約40%が行くことを拒否する。

◉5079年

世界の終わり。

ヴァンガに対するブルガリア国民の思い、そして政府公認の予言者という言葉の意味の重さは、1996年8月11日にヴァンガが首都ソフィアの病院で亡くなった際、国営新聞BTAがニュース速報を流した事実から容易に想像できる。当時のブルガリア首相ジャン・ヴィデノフは次のようなコメントを残している。

「ヴァンガは、人々のために生きた。われわれブルガリア国民にとっての生きる聖人だった」

ヴァンガが残した最後の予言は、自分の能力がフランスに住む女の子によって受け継がれるという内容だった。詳細が明らかになるまで、時間がかかるだろう。

第6章

未来を読み解く 今年注目したい5人の予言者

アビギャ・アナンド

アトス・サロメ

クシャル・クマール

ミシェル・ハーイク

クレイグ・ハミルトン・パーカー

イラスト／高松啓二

星が紡ぐ言葉を伝える天才少年：アビギャ・アナンド

近ごろYouTubeで特に目立ってきているコンテンツは、予言ではないだろうか。中でも数年前に突如として世界的な知名度を得ることになったのが、この項目で紹介するアビギャ・アナンドである。きっかけとなったのは、新型コロナウイルスとパンデミックに関する驚くほど正確な予言だった。

コロナウイルスのパンデミックを言い当てた若きインド人予言者アビギャ・アナンドにマスコミの注目が集まるのは、そもそも単に時間の問題だったのかもしれない。世界が彼を知っていたか、知らなかったか。それだけだ。世界デビューを果たしたころはまだミドルティーンと形容するのがふさわしい年齢だった。ただ、何ごとに関してもいえることだが、才能と年齢の間には何の因果関係もない。そして彼の予言には、インド占星術という揺るぎない強大なバックグラウンドがある。

2006年、インド、カルナータカ州シュリーランガパトナ生まれのアビギャは、インド占星術の天才児と呼ばれ続けてきた。幼い頃からインドの古代科学――特にアーユルヴェーダ――についても大人顔負けの興味を持ち続けていたという。10歳になる頃には、地元ではアーユルヴェーダとインド占星学の神童として有名になっていた。

家族はアビギャの才能にいち早く気づき、これを伸ばしていく方法で最大限の協力体制を整えたようだ。整った環境の中で学びを深めていったアビギャは、見る見るうちに知識を蓄積し、まだ〝子ども〟という呼び方がふさわしい年齢であるにもかかわらず、アーユルヴェーダに関しても占星術に関しても、専門家も驚くほどの実力を見せるようになる。生まれながらにして適性があったのかもしれない。日本的な尺度でたとえるなら、中学校を卒業する前にアーユルヴェーダと占星術の公的学位を取得した。これはインドでもほとんどないことだという。

世界的ブレイクのきっかけ

世界的ブレイクのきっかけについて記しておこう。アビギャは、2019年8月に向こう半年に関する予言動画をYouTubeにアップした。この動画は、2019年11

月から始まって2020年3月から4月にかけてピークを迎える世界的なレベルの深刻な危機について語ったものだった。中核となるのは、経済と健康に影響を及ぼす可能性がある問題だ。新型コロナウイルスに関しては明確な形での言及こそなかったものの、結果的にパンデミックの発生をきわめて正確なタイミングで言い当てたことになる。

2020年初頭に新型コロナウイルスが猛威を振るい始めた頃、前年に公開されていたアビギャの動画が注目を集めた。さまざまなプラットフォームで多くの人々が予言を共有し、その文言の正確さに驚きを隠さなかった。アップ当初の再生数は数千回というレベルだったが、2020年初頭の時点でいきなり100万回再生を達成し、アビギャ・アナンドという名前が世界中で知られるようになった。

アビギャの予言は占星術愛好家だけではなく、パンデミックで疲弊した人々に大きな関心を呼び起こした。ありとあらゆるメディアが予言を取り上げ、アビギャのマスコミでの露出も激増した。

天体の動きと相対的な位置を研究し、それが人間社会や自然界に影響を及ぼすと解釈する学問である占星術は、インドでは特別な響きを持って人々に受け入れられているようだ。文化や宗教的慣習と深く絡み合っており、アビギャが実践するヴェーダ占星術は、ヒンズー教最古の聖典である古代ヴェーダにルーツを持つ最も古い形式の占星術のひとつである。

アビギャは、伝統的なヴェーダの様式を崩さない。自分の予言――占星学的にいえば予測あるいは予見という言葉がふさわしいかもしれない――は惑星の動きとその相互作用の慎重な分析に基づいていることを主張し続けている。パンデミックの予測に関しても同じことだ。すべては惑星の配置に基づき、特定の時期に深刻な混乱の到来を示すものであったことを述べている。

伝統に裏打ちされた正確な文言

2019年の動画で、アビギャは土星、木星、月など、世界的な混乱をもたらすと自分で信じている特定の惑星の配置について語っている。こうした予測は、天体現象が地上世界の出来事と相関関係にあるとするヴェーダ占星術の特徴にほかならない。

アビギャ・アナンドが現代最高の予言者のひとりとして認識されるまでのプロセスにおいて、ソーシャルメディアが果たした役割は大きい。これまでの時代で予言者と呼ばれてきた人たちとはまったく異なり、以前には存在しなかったメディアを通して名前が拡散し、浸透した。従来のメディアチャンネルを経由せずに世界中の視聴者にアピールした彼の動画には、占星術の現象を詳細に説明しているものが圧倒的に多く、その正当性もあって、幅広い層で数多くのフォロワーを獲得した。

パンデミック予言の後も、アビギャは自らの言葉を伝え続けている。2022年あたりからは、世界経済や地政学的緊張、そして自然災害を予測し、的中したものもある。もちろん、すべてヴェーダ占星術を基にした見立てだ。

アビギャ・アナンドは、現代ならではのプラットフォームを舞台にしてインド古代の英知を伝える人物だ。パンデミックという人類のほとんどが経験したことがない状況を通し、予言の本質や占星術の役割を指し示したと理解している人が多いようだ。占星術の知識や認識について、彼が一般の人々に与えた影響は否定できない。アビギャ・アナンドは、複雑で予測不能な世界における知識と理解を求める人たちの永続的な探求の象徴であるともいえる。

ノストラダムスの生まれ変わり？：アトス・サロメ

「ブラジルのノストラダムス」というニックネームで、ブラジル国内では抜群の知名度を誇るアトス・サロメは、数々の予言を通して多くの人々の心をつかんできた。

謎めいた人格と謎めいた発言で知られるサロメは、重要な出来事を予見する人物として名声を築いてきた。ブラジルの有名予言者というと、ひと昔前ならジュセリーノ・ダ・ルースが有名だったが、ある時期を境に完全に表舞台から去ってしまった。特にここ数年はアトス・サロメが第一人者として目されているのが事実だ。

アトス・サロメはブラジル南東部のミナス・ジェライス州で生まれ、幼い頃から占星術や数秘術、タロットなどさまざまな種類の秘教的伝統に親しんでいた。このあたりは、別章で紹介しているジーン・ディクソンのプロフィールが脳裏に浮かぶ。成長していくにつれ、古代の文献や神秘的伝統の研究に没頭するようになり、時間や運命、そして人間の宿命といったものの本質を理解しようと学びを深めていった。

経歴は謎に包まれており、幼少期や受けた教育に関する情報はきわめて限られているのが事実だ。だからこそ、サロメという人間の神秘性が増す。私生活もまるで隠遁者のようで、人前に出ることも少ないようだ。そんな静かな生活から、さまざまな予言を発信し続けている。そして彼を支持する人の数は年々増加し続けている。

アトス・サロメが認知されるようになったきっかけは、彼自身が新型コロナウイルスのパンデミックを予言したという主張だった。予言の正確な文言と日時は特定できないが、複数のソースを並べてみると、早ければ2012年の時点で「コロナ」という言葉を使っていたようだ。パンデミックが実際にやって来た後に誰かが過去のソースを調べ、2012年の時点で語っていたことを明らかにしたのだろう。いずれにせよ、この一件によってサロメという名前が一気に知られるようになった。

その後、有名予言者となったサロメは地政学的な出来事や自然災害、景気後退など他の種類の予言も行い、次々と発表していった。注目度の高い出来事を予言する彼の能力はノストラダムスと比較され、今は「ブラジルのノストラダムス」というニックネームで呼ばれることが多くなっている。

予言の方法論と分野

アトス・サロメの予言は、さまざまな秘伝の実践を組み合わせた方法論をバックボーンとしている。占星術、数秘術、タロットといった伝統的な知識に自身の直感を盛り込み、洞察と統合して予言の言葉として残している。予言は単なるランダムな推測ではなく、宇宙のパターンとそれが地上の出来事に与える影響についての深い理解に基づいていることを主張している。

◉占星術

占星術はサロメのキャリアにおいて重要な役割を果たす要素だ。天体の動きは未来に関する隠された真実を明らかにし、時間の展開を理解するためのロードマップを提供してくれる。

◉数秘術

数秘術は数字とその神秘的な意味を研究するもので、もうひとつの重要なツールとなっている。数字には固有の意味があり、現実の性質に関する洞察を提供できると信じている。数字のパターンを分析することで、隠されたつながりを発見し、正確な予測を行うことができると主張している。

◉ タロット

未来についての洞察を得るためにタロットカードも使用する。その理由は、すべてのものの相互関連性に対する彼の信念と、未来は決まっているのではなく、さまざまな要因によって影響を受けるという考えを反映している。

彼の予言は自然災害から政治的混乱、技術の進歩まで幅広いトピックにまたがる。発信方法としてはソーシャルメディアやインタビュー、自著を通して行われることがほとんどだ。予言の方法論としては占星術と数秘術をベースにして、さらに独自の霊感を組み合わせているようだ。

前述したように、彼の予言で最も有名なのは新型コロナウイルスのパンデミックに関するもので、「広範囲に病気を引き起こし、世界を停止させるウイルス」という言い方だったようだ。ブレイクのきっかけになったのがパンデミックなので、終末論的な内容の予言が多いのかと思うと、実はそうでもない。

彼が最も得意としているのは、地政学的な緊張と紛争に関する予言であるような気がする。中東の紛争や新しい政治勢力の台頭、そして世界的な同盟の変化について語る機会が多い。彼の予測には、こうした緊張の結果もたらされる状況についての警告が含まれることが多く、それが広範囲にわたる不安定と紛争につながる可能性があることを示唆しているのだ。

サロメが注力しているもうひとつの分野は、自然災害だ。地震や津波、その他の壊滅的な出来事について数多くの言葉を残してきた。

◉地震と火山活動

サロメは、特に環太平洋火山帯で火山活動と地震活動が活発になると予測している。これにはインドネシアのジャワ島や、北米大陸ならカリフォルニアからブリティッシュコロンビアまでに至る沿岸地域も含まれる。巨大地震や火山噴火が発生する可能性が否めないとしている。

◉ハリケーンとサイクロン

特にフィリピンやタイを含む東南アジアで強力なハリケーンやサイクロンが発生する可能性が高まると予測している。さらに、アメリカのメキシコ湾やフロリダ州などの地域も危険度が高い地域として注目している。

◉洪水リスク

大雨により、世界各地で重大な洪水リスクが発生すると予測している。注目すべき地域としてブラジル、インドのガンジス川流域、ベトナムのメコン川デルタなどが挙げられている。

◉長期的懸念

さらに先の時代を見据えて、予防措置を講じなければ、アムステルダムやニューヨーク、東京などの大都市が深刻な洪水に見舞われる可能性があるとも示唆している。潜在的な自然災害に対処するためのインフラ整備・改善の必要性が強調されている。

来るべき世界の様相

サロメは、技術の進歩とそれが社会に与える影響についての予測にも取り組んできた。ＡＩ台頭や技術的特異点、そして新技術がもたらす倫理的ジレンマについても語っている。

◉ＡＩとロボット工学

サロメは、ＡＩの急速な進歩に伴う潜在的な危険性について警告している。ＡＩが自己認識を獲得し、人間の制御から独立して機能する自律的な存在につながる可能性がある――そんな言葉も残した。これは「ロボットの反乱」につながる可能性があり、システム自体が人間に理解できない独自の言語と機能を開発し、人間の権威に対する紛争や反乱が生まれるかもしれないというのだ。

◉AIによって生成される伝染病

将来のパンデミックは自然由来ではなく、AI主導の研究所でウイルスが合成される可能性を予見している。生物学とAIの融合によって人工ウイルスが開発され、病気の治療だけでなく、逆説的に新しい病気の作製にも使用できる可能性があるというのだ。人類に害を及ぼす高度なテクノロジーが悪用される懸念が浮き彫りになっている。

◉AIによる死者とのコミュニケーション

スピリチュアルな分野の予言もある。AIは、亡くなった人たちとのコミュニケーションを可能にするツールになる。すでに亡くなっている愛する人たちと話したり、前世を探ったりできるテクノロジーを思い描いており、これは人間の経験を理解する上で大きな進歩であり、スピリチュアリティにおいても、リアリティにおいても革命が起きるかもしれない。

◉ 地球外生命体との接触

サロメは、2024年が宇宙探査にとって重要な年になる可能性があると語っている。地球人類と地球外生命体との接触が実現するからだ。この接触は物理的な意味合いではなく、電波信号を通して起こる可能性があると示唆している。

アトス・サロメは、ニックネーム通りノストラダムスの生まれ変わりなのか。それは、もちろんこれからの実績によって評価が決まっていくのだろう。

中東随一の予言者：ミシェル・ハーイク

ブラジルに続いて、〝中東のノストラダムス〟と呼ばれている予言者を紹介する。ミシェル・ハーイクは、アラブ世界では知らない人がいない能力者であり、政治経済から自然災害、そしてセレブの動向まで幅広いジャンルをカバーしながら活躍している人物だ。

レバノン生まれのハーイクは、ローティーンの頃から神秘主義やオカルトに強い関心を示す、かなり変わった子どもだった。同年代の子どもたちとはまったく話が合わず、ひとりで過ごす時間が多かったようだ。彼が特に興味を持っていたのが、まだ起きていない出来事を前もって知る可能性だ。この種の能力を身に付けられないかと考えた末、占星術や透視術をはじめとするさまざまな形の占術を研究するようになる。

人間の運命に影響を与える目に見えない力。それを理解することが若いハーイクの人生の目標になった。オカルトへの関心は決して趣味と形容できるレベルではなく、生き方を決める重要な要素だった。神秘主義研究を深めていくプロセスで透視能力を発達させるようになり、将来の出来事を予測するスキルを身に付け、磨き始めた。

ハーイクが有名になったきっかけは、1980年代後半にレバノンのテレビ局で予言の番組を持ったことだった。この番組の売りはカリスマ性のあるトークスキルでハーイクが語る大胆な予言で、一部が的中した。また、従来の同じジャンルの番組と異なり、個人や限定的な観客に対するリーディングではなく、レバノンの国家としての存在を前面に押し出し、さらに世界の中のレバノンという切り口で予言を展開していった。

過去には1986年のスペースシャトル・チャレンジャー号の事故、1997年のダイアナ妃死亡、1999年のトルコでのイズミット地震、2019年の新型コロナウイルスによるパンデミック、2021年にアメリカで起きた合衆国議会議事堂襲撃事件、さらに2022年のロシアによるウクライナ侵攻、2023年にはアルツハイマー病の治療薬の開発など、多くの出来事を予言し的中させてきている。

予言のスコープ

政治経済から自然災害、そして社会動向まで、ハーイクの予言のスコープはかなり広い。予言番組の放送は大晦日の年1回だけだが、本国レバノンはもちろん、アラブ世界全体の一大イベントとなっており、毎年信じられないような高視聴率を叩き出すようだ。ハーイクは暗殺や経済危機、そして社会不安などデリケートな話題にあえて取り組み、ストレートな表現で視聴者に語りかける。予言の内容は否定的あるいは絶望的なものばかりではない。だからこそ、彼の言葉によって期待を抱く人、そして未来の出来事に備える人が多くいるのだ。

具体的な内容について見ていこう。ハーイクの名が知られるきっかけとなったのは、やはり政治分野での予言だ。複雑で変化が絶えない中東政治の状況に関し、ハーイクは選挙結果や暗殺、権力の移行について数々の予言を残してきた。たとえばレバノンとその地域に多大な影響を与えた、悲劇的な出来事だった2005年のレバノン元首相ラフィーク・ハリリの暗殺を予言し、的中させている。

特定の事件に加え、リーダーの交代や新しい政治運動の台頭、重要な国際交渉の結果など、より広範な政治動向について詳細に語ることが多い。彼の政治的予測は、中東地域特有の不確実性と課題をカバーするため、多くの人々が共感し、耳を傾けている。

経済に強い予言者

ハーイクは、経済問題に関しても多くを語っている。低迷や通貨切り下げ、金融予測といった経済問題のさまざまな様相に関する予言を的中させた。特筆すべきは、きわめて具体的な内容で特定の国家や地域について語ることだ。もちろんすべてが的中してきたわけではないが、彼の言葉に重みを感じる人は想像以上に多いのが事実で、西側諸国のビジネスリーダーや投資家にもファンが多い。

触れておくべきは、長く続いたレバノンの金融危機に関する状況を正確に言い当てていたことだろう。レバノンは2020年3月に債務不履行（デフォルト）を宣言し、これをきっかけに国内経済がまれに見る低迷に陥り、国民の間に大きな不満と政治不信が広がった。以降、ハーイクの言葉は国家レベルでの経済面でのかじ取りの指針というニュアンスでも受け取られるようになっている。

ハーイクの予言には、自然災害に関するものも多い。地震や洪水、異常気象などの壊滅的な災害について語り、時期と場所についてもかなり絞り込んだ表現を使っている。自然災害の予測は特に難しいといわれているが、この分野におけるハーイクの予言は的中率が高いという認識が生まれているようだ。

2022年末、彼は地震に関する予言を行った。「たくさんの物がひとりでに動いている。風もないのにシャンデリアが大きく揺れ、スーパーの棚から多くの商品が床に落ちている」——そんな言葉だった。そしてこの予言の約1カ月後、マグニチュード7・8の地震がトルコを襲った。規模が大きかったため、シリアを挟んで位置するレバノンにまで揺れが伝わった。

ハーイクの予言の背後にある方法論は、幼いころから培ってきた神秘学の知識と経験、そして直感にほかならない。彼はまた、「将来の出来事を察知する能力を生まれながらに持っている」とも語っている。

その中核となるのがクレアボヤンス＝透視能力だ。ハーイクは、スピリチュアリズム用語でいう〝ハイヤーセルフ〟にアクセスし、そこから未来に関する情報を得ることができることを知っているようだ。これはもちろん、彼自身の経験則によるものだ。この方法を用いると、得られる情報が具体的かつ詳細になるという。

ミシェル・ハーイクは、アラブ世界では絶対的な存在の予言者として揺るぎない立場にある。政情がけっして安定しているとは言えないレバノンという国家の独自の事情もあるだろうが、80年代後半の登場以来、少なくともレバノン国内ではすべての年齢層から大きな支持を受けている。

インドの絶対的エース予言者：クシャル・クマール

インドからもうひとり、占星術を基にした予言で知られる人物を紹介しておこう。

クシャル・クマールは著作も多く、インドの占星術界では第一人者という地位を確立している。幼いころから占星術に興味を示し、独学でヴェーダ占星術を学んで第一人者となった。

別項目で触れているアビギャ・アナンドは、クマールとまったく同じといっていい足跡を経て世界的に有名になった。世代こそ違うものの、アナンドとクマールは現代ヴェーダ占星術のツートップといえるだろう。

クマールの方法論は、ヴェーダ占星術にインド哲学と文学の要素を加えて深みを増しており、こうした方向性が独自のスタイルを生み出すことにつながった。クシャル・クマールは宇宙の複雑な構造と営みが人間に与える影響を解き明かすため、真摯な態度で占星術に向き合ってきた。さらに研究を深めるため、数秘術や手相占いの要素まで採り入れ、独自の占星術体系を形成していった。

◉ヴェーダ占星術

ヴェーダ占星術またはジョティシャは、占星術の最も古い形式のひとつであり、ヴェーダとして知られる古代インドの聖典に基づいている。惑星の位置と動きがもたらす、物質世界での出来事と人間の営みへの影響の研究が主体となる。ヴェーダ占星術はヒンドゥー教の哲学や精神性と深く結びついており、カルマの概念と、人の出生時の天体の位置が人生に影響を与える可能性があるという信念が強調されている。

◉数秘術

数とその神秘的な意味の研究である数秘術は、クマールの占星術の実践において重要な要素のひとつとなっている。数秘術によると、数字には固有の振動があり、性格や特性、仕事、人間関係など、人生のさまざまな側面に影響を与える可能性があると考えられている。

クマールは占星術の見立てを補完し、深みを増すために数秘術を使用し、追加の洞察を実現してガイダンスを充実させている。人生における数値パターンを理解することで、より正確な予測とアドバイスを提供できるという考え方だ。

◉手相

手のひらを読んで人の性格と未来に関する洞察を得る〝パームリーディング〟もクマールのレパートリーの一部だ。手相占いで自分の仕事に触覚的な側面を加え、クライアントと個人的なレベルでつながることができるようにしているのだろう。クマールの占術のスタイルは、星と数字、そして手相から得られる情報を組み合わせて洞察し、人生の流れを総合的に見ることが可能なのだ。

これまでの予言

◉政治に関する予言

クマールは、インド国内および海外の政治情勢について数多くの予言を行ってきた。選挙や指導者の交代、地政学的緊張に焦点が当てられることが多いのが特徴だ。天体の配置は政治的結果にも影響を与える可能性があるという考えから、占星術の知識を使って権力の移行や指導者の交代を予言している。たとえば、政情不安や紛争につながると彼が考える占星術の要因を挙げながら、さまざまな国の政治的不安定を予言してきた。

◉経済予測

経済問題もクマールが重要な予言を残している分野だ。経済の低迷、金融危機、市場動向を予測し、多くの場合、具体的な国名や地域を文言に盛り込んで発表する。クマールの経済予測は、惑星の動きが経済サイクルに影響を与え、成長期や不況期をもたらすという信念に基づいている。いわゆるオカルト経済学的なコンセプトも盛り込まれていると考えるのが正しいだろう。クマールの経済予測は金融専門情報誌で頻繁に公開され、投資家やビジネスリーダーの間でも見逃すことができないデータとして受け容れられている。

◉自然災害

地震や洪水、その他の壊滅的な自然災害についての予言も多く、災害が発生する時期と場所について具体的で詳細な情報を出すことがよくある。地震活動が頻繁な地域で特に大きな地震が起きる可能性は、特定の惑星の配置によって高まると語っている。

◉社会・文化

クマールは、社会と文化のトレンドについても数多くの予言を行っている。社会の価値観や文化的規範の変化、新しい社会運動の台頭について語っている。占星術の力が集団意識に影響を与え、人々の考え方や行動に変化をもたらすことができるという考えもあるようだ。社会予測に関しては男女平等、環境意識、技術革新などの分野に積極的に取り組んでいる。予言の内容は、社会の進化の性質と占星術の力が人間の行動に与える影響を反映していると考えられている。

第三次世界大戦

そのクマールが2024年6月に発表した第三次世界大戦に関する予言は、インド国内だけではなく英米でも大きな話題になった。アメリカのタブロイド紙『ニューヨーク・ポスト』の記事を要約すると、以下のような内容になる。

〝新しいノストラダムスというニックネームで知られる占星術師クシャル・クマール氏は、2024年6月18日や29日など特定の日付に焦点を当て、第三次世界大戦が差し迫っていると主張している。クマール氏はヴェーダ占星術を用いて、イスラエル、台湾、ロシアなどの世界的な紛争地帯で緊張が高まると警告している。過去の誤った予測による懐疑論にもかかわらず、同氏は惑星の配置を指標として挙げ、断固とした姿勢を崩していない。ロシアのプーチン大統領や英国のスナク氏など、一部の世界指導者も、緊張が高まる中、核の脅威について警告している〟

幸いにも、事態が第三次世界大戦まで進展することはなかった。しかしウクライナ紛争もイスラエル・パレスチナ紛争も、いまだ決着はついていない。膠着(こうちゃく)した事態が何かのきっかけで一気に悪化し、それがきっかけになって第三次世界大戦が勃発しないとも限らないのだ。

称賛と同じくらい多い批判にもかかわらず、本国インドはもちろん、欧米でもクシャル・クマールの人気は高まり続けている。その理由は、高い予言能力もさることながら、聞き手の懸念や不安に的確に対処する能力だろう。人々がクマールに求めているのは、予言だけではなく慰めと生きる指針なのだ。

卓越した予言者であろうと物議を醸す人物であろうと、クマールが一般社会の認識や文化的言説に大きな影響を与えたことは否定できない。彼の言葉は常に人々を魅了し、刺激を与え、不確実な時代を生きる人々が求める知識と理解を与え続けているのだろう。

ヨーロッパの正統派予言者：クレイグ・ハミルトン・パーカー

クレイグ・ハミルトン・パーカーは霊能者、霊媒師、作家と多才な人物だ。ただし、一番よく知られているのは予言者という側面だ。30年以上にわたって第一線で活躍しており、数多くの予言を行ってきた。

ハミルトン・パーカーはイギリスのサウサンプトンで生まれ、10代の頃から超能力の世界に強い興味を感じ、ありとあらゆる本を読み漁ったという。彼自身は幼いころから何となく自分の能力を感じていたようだ。さまざまな媒体で行われたインタビューでもそう語っている。幼少期から超自然的な体験を重ね、知識を蓄えながら傾倒していった。

ハミルトン・パーカーの場合、未来の出来事を知る媒体として白日夢や予知夢を頻繁に体験していたようだ。これに関しては今も続いていて、アイデンティティの大きな一部となっているはずだ。

成長するにつれ、超常現象への興味は徐々に霊的知識の蓄積と超能力開発に向かっていった。特に重要視したのは瞑想(めいそう)だ。霊能力者や超能力者はヨガや瞑想を好む人が多いようだ。ハミルトン・パーカーが選んだ方法論も瞑想だ。自分が持っている力を大きく伸ばすことができると明言している。

予言者としてのキャリア

ハミルトン・パーカーは、1980年代にプロの占い師として仕事を始めた。正確な見立てを行うということでたちまち有名になり、評判はかなり良かった。最初は一般の人たちを相手にして仕事をしていたが、時間の経過と共に有名人の顧客が増えていった。最初のころはタロットカード、水晶玉、手相など、さまざまな方法で霊能者としての占いを行っていたが、対面リーディングで死者の霊と交信しているところを見せ、これがきっかけになってメディアでの露出が多くなった。

セレブ占術師的なニュアンスで受け入れられていたが、毎年決まった時期に翌年の予言を発表するようになる。分野は自然災害から政治経済、そして有名人のスキャンダルなどが目立った。受け手の側が魅力を感じる分野ということになるのだろう。

長いキャリアの中で、特筆すべきいくつかの予言がある。

◉Brexit

最も話題になった予言のひとつは、英国のEU離脱の決定に関するものだ。彼は、2016年の国民投票よりかなり前にBrexitを予測していたと認識されている。このている。

予言の的中が、いわゆる能力者として大きな信頼を得ることにつながったと考えられている。

◉ドナルド・トランプ大統領

もうひとつの大きな予言はドナルド・トランプの米国大統領選挙の勝利だ。2016年の大統領選挙ではヒラリー・クリントンが勝つという意見が圧倒的だったにもかかわらず、予想に反してトランプが勝利することを予見していた。

◉新型コロナウイルスのパンデミック

ハミルトン・パーカーはまた、世界的なパンデミックも予言していたと伝えられている。パンデミックの発生前に発表された一連の予言の中で、「世界的なインフルエンザの大流行が広範囲にわたる混乱と恐怖を引き起こすだろう」と語っていた。新型コロナウイルスではなくインフルエンザという言葉を使っていたため、予言はピンポイントではなかったという見方がマジョリティーのようだが、言葉に〝インフルエンザのような症状〟という含みも感じられるため、2020年のパンデミックと重ねて考える人が多い。

◉自然災害

ハミルトン・パーカーは長年にわたり、地震や津波など自然災害に関する予言を行ってきた。彼の信者の中には、彼の予言が実際の出来事と一致したように感じられる例を挙げる人が多いが、それらの予言は曖昧で、さまざまな解釈ができるものである。

トランプ元大統領暗殺未遂事件

自然災害に関しての予言の精度はそれほど高くはないのかもしれないが、ハミルトン・パーカーは2024年7月12日に行われたYouTube配信で「トランプ元大統領の暗殺未遂事件」というテーマの予言を語っていた。トランプ大統領が遊説先のペンシルベニア州バトラー近郊で狙撃されたのは、7月13日だった。

2024年に限っていうなら、バイデン大統領が11月の大統領選挙までに辞任するという予言もあった。予言は的中し、大統領選挙への出馬を断念し、後継者としてカマラ・ハリス副大統領を指名したことはご存知のとおり。

地政学的な内容の予言としては、2024年10〜11月、中国が台湾侵攻を開始するという内容のものがある。現状と照らし合わせると、いわゆる中国の赤い舌（南沙諸島を含む南シナ海で中国が領有権を主張している境界線）を維持する意味でフィリピンとの関係も悪化の一途をたどっている。台湾有事に関して語る予言者は多いが、筆者の肌感覚では、彼らの言葉よりもはるかにリアルに思えてならない。

日本国内では気になる人が多いはずの2025年7月に関しては、「大地震などの自然災害は何も起きない」と明言している。

日本人にとって身近な話題を挙げておく。2024年10月末に国連委から皇室典範等の改正勧告があったが、2025年の終わりに女性天皇を認める方向性で皇室典範が変更されるという予言がある。しかもハミルトン・パーカーは、愛子様が女性天皇となって世界的に活躍するといったニュアンスの言葉を残しているのだ。

過去の実績を見る限り、そしてかなり長い間第一線の予言者として認識されているところを考えると、彼は〝本物〟のひとりかもしれない。個人的には、2025年の日本が大地震に襲われることはないと断言する予言者がいてくれる事実が、大きな心のよりどころとなっている。

第7章

アニメ『ザ・シンプソンズ』に隠された予言

画像提供／アフロ

親和性の高いポップカルチャー作品と予言

『ザ・シンプソンズ』は、アメリカのフォックスネットワークで1989年に放送が開始されたアニメで、アメリカテレビ史上最長のシリーズとして知られている。アメリカの中流家庭のごく平凡な日常生活のエピソードを毒気たっぷりに描いたもので、アメリカ人から見れば自虐的なテイストが支持を受ける大きな一因となっているようだ。

この番組が支持され続けている理由はほかにもある。驚くほど正確な予言的要素に満ちているのだ。そこを起点にして、アニメという形態の一種の文化現象というニュアンスで受け取られている感が否めない。この章では、具体例を挙げながらポップカルチャーの文脈上での『ザ・シンプソンズ』の位置付けと意味を探っていきたいと思う。

古い話から始めたい。ポップカルチャー作品と予言という二つの要素は、意外に親和性が高いようだ。古くはオルダス・ハクスリーの『すばらしい新世界』（1932年刊）やジョージ・オーウェルの『1984』（1949年刊）が挙げられる。少し変わったところでは、『タイタン号の遭難または愚行』（モーガン・ロバート作・1898年刊）が同じジャンルの作品として挙げることができるだろう。

『すばらしい新世界』は、技術官僚主義がもたらす地獄のような世界をつまびらかにした作品だ。舞台は2049年の地球。人類最後の戦争が勃発し、その終結後に地球全体から暴力を完全に払しょくするための体制が構築される。統治を行うのは世界統制官と呼ばれる10人のエリートグループだ。戦争のない世界は表面的には理想的だが、これを実現するプロセスでそれまでの歴史や宗教観はすべて消去されてしまう。

『1984』では、全体主義によって統治される近未来世界の恐怖が描かれている。監視社会や警察国家といったキーワードがちりばめられ、未来社会が決してバラ色ではないことが明示されている。つまり、いずれの作品も大テーマとなっているのはディストピア思想だ。決して理想的とは形容できない未来社会へ至るまでの流れと、その実情が詳細に描かれる。

予言をキーワードにするなら、最もリアルなのが『タイタン号の遭難または愚行』

だ。絶対に沈まないと言われたタイタン号という豪華客船が最初の航海で氷山と激突し、死者が多数出る大惨事がモチーフになっている。1912年、海難事故史上最悪級のタイタニック号沈没事故が起きたのは、この小説が発表されてから14年後だった。小説の設定の細部が事実とあまりにも似ていたため、予言小説と呼ばれるようになった。『ザ・シンプソンズ』はアニメなので形態は違うが、『タイタン号の遭難または愚行』とまったく同じジャンルの作品であるととらえている人たちは想像以上に多い。

歴史を通し、物語は人間の不安や希望、そして未来への恐れをつまびらかにするための強力なツールとして機能し続けてきた。それは媒体が古代神話や宗教文書であっても、映画やテレビであっても変わらない。ポップカルチャーにおいて、予言的な物語はディストピア小説から陰謀論までさまざまな形をとりながら、政治・経済やテクノロジーをはじめとするさまざまな要素を反映する鏡として機能してきたともいえるはずだ。

発明以来、テレビは予言的物語を伝える最も影響力のあるプラットフォームでありつづけた。具体的な番組名を挙げるなら、イギリスで絶大な人気を誇る『ブラック・

ミラー』や、1973年に公開された同名の映画を基に製作された『ウエストワールド』、そしてこの項目で詳しく語っていく『ザ・シンプソンズ』などがある。いずれも未来の出来事を予測したり、テクノロジーや社会の変化の影響を探ったりしながら物語が展開される。それに加え、現在はさらに圧倒的な影響力と拡散力を発揮する動画サイトやSNSという媒体もある。

前述のとおりアメリカテレビ史上最長のアニメシリーズである『ザ・シンプソンズ』は、ドナルド・トランプのアメリカ大統領選からスマートテクノロジーの進歩まで、未来の出来事を予言する不思議な力で有名になった。予言の多くは偶然か、あるいは制作当時の既存のトレンドを風刺的なテイストで誇張したものとして説明できるかもしれない。しかしそれでも、現代ならではの形態の〝予言者〟としての評判は年を追って高まるばかりなのだ。

今日のポップカルチャーにおける予言の形態

そして前述のとおり、動画サイトやSNSを通して、予言的物語の影響力は加速度的に高まっている。想像さえできなかったタイミングで起きる戦乱、存在さえ想像できなかったパンデミック、AIテクノロジーの急速な進化、気候変動や自然災害などへの不安を反映しながら、ポップカルチャーの中核部分を形成しつつあるといっていいかもしれない。VRやARを盛り込んだ新しい形のメディアは、没入感とリアリティをもって〝起こりえる未来〟の可能性を探求し提示し、視聴者たちがこれまで想像もできなかった方法で、そして自分ごととして予言的物語に接する機会を日常生活レベルで増加させていく。

ポップカルチャーにおける予言的物語の歴史は、未来を理解し、予測して十分な備えを整えておきたいという人類普遍の欲求を反映しているのかもしれない。古代神話やディストピア小説、SF映画などのテーマとなった予言的物語が未知の世界と対峙していく方法として提示され、将来に対する展望が与えられる。ただ、展望には希望が含まれるべきなのだろうが、残念ながら、強く脳裏に残ってしまうのは絶望的な要素であることも事実のようだ。

『ザ・シンプソンズ』がポップカルチャーに与えた影響

1989年の放送開始以来、『ザ・シンプソンズ』は、現代ポップカルチャーの基礎のかなり重要な部分を形成し続けているといっていいはずだ。フォーマットとしては典型的なアメリカ中産階級家族が主役のSitcom（登場人物や設定が固定されており、日常生活のシチュエーションで展開していくコメディ）なので、生活様式から行事、食文化、エンターテインメント、そしてメディアや政治経済といったさまざまなジャンルの要素が盛り込まれる。番組特有のシニカルなスタンスもポジティブに受け容れられ、驚くほどの長期間にわたって放送が続いている。

放送開始当時は、30分ものアニメシリーズは子ども向けという業界の圧倒的なコンセンサスがあったらしい。『ルーニー・テューンズ』や『スクービー・ドゥー』などのアニメ番組では対象とする視聴者の年齢を低く想定していたため、「大人向けのアニメシリーズ」というコンセプトがまず新鮮だったようだ。

さらに言うなら、日曜日の20時というウィークエンドのゴールデンタイムにアニメ番組が放送されるというのも画期的だった。『ザ・シンプソンズ』はそれまでの常識を2つ同時に打ち破り、アニメであっても社会風刺やウィットをふんだんに盛り込んだ作品ならば大人にもアピールすることを証明した。こうして、常識的なニュアンスでは大人向けのフォーマットであるSitcomと、子ども向けであることが第一義のアニメとの間にあった溝を埋め、大人も楽しめるSitcom的なアニメというまったく新しいジャンルを開拓することに成功した。

独特の毒に満ちた作風で社会風刺や社会批判を展開し、とてもアニメ作品とは思えないダークなテーマも躊躇（ちゅうちょ）なく取り上げ、支持率を高めていった。以降の時代も『サウスパーク』や『ファミリー・ガイ』、『フューチュラマ』といった同じテイストの作品が制作されている。

前述した通り、『ザ・シンプソンズ』の本質はアメリカ的な生活の風刺であり、そこから派生するエピソードが人気の理由となっている。日常生活の現実的な側面と滑稽(こっけい)さを描き出し、主役のシンプソン一家の人々と彼らが住むスプリングフィールドの住人たちの体験を通し、ユーモアに満ちたトーンの中に鋭い批判がちりばめられている。

さらには環境問題や医療制度、大企業の強欲さやメディアによる世論操作など、きわめて今日的な問題に対するコメントが目立つ。こうした方向性のテーマを扱ったエピソードを通して、現代社会のあり方が描き出される。番組制作のこうしたスタンスを考える限り、予言的な要素が見え隠れするのは必然的なことなのかもしれない。

こんなに当たっている〝未来予測〟

『ザ・シンプソンズ』に関して最も興味深く、かつ議論が集中しているのは、〝未来予測能力〟とでも呼ぶべき側面だ。長年にわたり、技術革新から政情に至るまで、実際に起きたことを予言しているとしか考えられない部分がある。その多くは偶然に過ぎないと言われているが、多くの人々の脳裏に刻まれ、番組の重要なアイデンティティとなっていることはまちがいない。

まずは、番組のハードコアなファンではなくても知っている例から挙げていこう。

アメリカで2000年3月19日に放送された「Bart to the Future＝リサ大統領のホワイトハウス」というエピソードでは、当時アメリカ政界ではまったく無名だったはずのドナルド・トランプ氏が大統領になるプロセスが描かれている。16年後にトランプ大統領が誕生した時、番組の熱狂的なファンもそれほどではない人たちも『ザ・シンプソンズ』の予言能力の実例ということで認識した、いわゆる神回といえる。

このエピソードでは、怠け者の長男バートが妹のリサ・シンプソンが米国大統領になった未来を想像する。閣議中、リサは前任者のドナルド・トランプ大統領から「難しい予算」を引き継いだことを語る。

実はこのエピソード、トランプ氏がアメリカ大統領の椅子に座ることを予言しただけでは終わっていない。トランプ氏がトランプタワーのエスカレーターを降りて群衆に手を振る姿が描かれたシーンもあった。これは、トランプ氏が2015年に大統領選への出馬を表明した際の現実の場面と不気味なほど似ている。トランプ氏の政治的野心は当時からよく知られていたと主張する人もかなり多い。しかし、描写の細かさがこの予言を取り巻く謎を一層深めている。

ちなみに、「リサ大統領のホワイトハウス」が神回とされる理由がもうひとつある。

大統領になったリサの服装が、２０２１年にアメリカ初の女性副大統領となったカマラ・ハリスが就任式で着ていたものとほとんど同じなのだ。放送から21年が経過した時点で2つの予言が的中したということになる。ネットでは一時、カマラ・ハリスがアメリカ初の女性大統領になるのではないかという話で盛り上がった。もし実現していれば、このエピソードには3つの予言が盛り込まれていたことになったのだが。

番組で提示された予言の数々は、内容が誇張されることもあるだろう。しかし社会のトレンドをいち早く察知し、まだ起きていないことを風刺的な姿勢で描写する能力を具えたスタッフがいるのではないかというところまで話が行っているのが事実だ。あらかじめ起きることがわかっている、あるいは特定の出来事を起こそうとしている人たちが『ザ・シンプソンズ』を通してある種のプロモーションを行っているという陰謀論まで存在する。

いずれにせよ、予言的要素によって『ザ・シンプソンズ』は現代社会を反映するだけではなく、未来の可能性を具体的な形で提示する文化的基準のひとつとなった。こうしたメカニズムは前述したとおりだ。『ザ・シンプソンズ』の予言は、まだまだ続く。ちなみに、ここに記した放送年月はすべてアメリカのものである。タイトルは日本でオンエアされた時のものも併記した。

◉新型コロナウイルスとパンデミック

1993年5月6日のエピソード「Merge in the Chains＝マージの逮捕」では、スプリングフィールドで〝大阪かぜ〟という伝染病が蔓延する。ウイルスは急速に拡散し、住民がパニックを起こす。このウイルスはアジアで発生し、感染した工場労働者がスプリングフィールドに送られる荷物の前でくしゃみをしたことが原因で感染が拡大する。

パニック買いや感染者の隔離、住民たちの誇張された反応などのシーンが盛り込まれているのだが、すべてが2020年の新型コロナウイルスのパンデミック中に現実となった。具体的な内容こそ異なるものの、大まかなストーリーラインは2020年の現実と重なる。アジアで発生したウイルスの感染者が世界各国に広がり、やがてパンデミックというレベルにまで達する。こう考えると、番組はパンデミックのはるか前から世界的な反応の本質をとらえ、予言し、的確に描いていたということができる。いや、そうとしか考えられない。こういうところが『ザ・シンプソンズ』の不思議さであり、魅力なのだ。

◉NSAスキャンダル

2007年公開の『ザ・シンプソンズ MOVIE』は、大規模環境災害を引き起こしたシンプソン一家がアメリカ政府から逃げるというストーリーになっている。逃亡中、一家は国家安全保障局（NSA）が広範囲にわたる監視を通じてアメリカ国民に対してスパイ活動を行い、その過程で会話や行動を記録している事実を知る。

当然のことながら、映画公開時は突飛な設定の上で展開する突飛なストーリーとして受け容れられた。しかし公開から6年後の2013年、元NSA職員のエドワード・スノーデンが機密情報をリークし、アメリカ政府による監視プログラムの存在が明らかになった。スノーデンのリークにより、NSAが電話の会話やメールをはじめとするさまざまな形態の何百万人分もの通信記録を集めていた事実が知られることになってしまった。

『ザ・シンプソンズ MOVIE』でもNSAが一般市民をスパイする能力を持つ組織として描かれているのだが、その活動の様子はスノーデンが暴露した実際の監視システムと驚くほど似ていることが話題になった。今思えば、映画で描かれていたのは予言というよりも、むしろ国家権力による監視体制への警鐘だったのかもしれない。

◉スマートウォッチの登場

『ザ・シンプソンズ』の予言には、一般人のごく普通の日常生活に密着した要素も盛り込まれている。1995年3月19日のエピソード「Lisa's Wedding＝リサの結婚」で、リサは2010年の自分の生活の未来的なビジョンを体験する。このエピソードにはさまざまな種類の未来的な道具が出てくるのだが、そのうちのひとつに電話をかけたり文字情報をディスプレイで確認できたりするタイプの腕時計が出てくる。これは、Apple Watch や Galaxy Watch をはじめとするスマートウォッチを表現したものではなかったかという話がある。

このエピソードが放映された1995年当時、ウェアラブル端末は未来のテクノロジーにほかならず、超小型コンピューターとして機能する腕時計もあまりにもSF的で未来的だった。

2010年代初頭になってスマートウォッチが実用化されると、電話をかけたり、メッセージをチェックしたり、歩きながらネットにアクセスしたりできる機能がエピソード内での描写と酷似していた。1995年当時のテクノロジーの現状を考えれば、そこまでの進化は必然的であるという人もいるだろう。しかし、ウェアラブル端末のコンセプトが明確な形で示されたとなると、予言性を裏打ちする大きな要素のひとつとして考えられるのではないだろうか。

◉ギリシャの金融危機

シーズン10の初回「Lard of the Dance＝おませな転校生のアブラ・ダンス」（1998年8月23日放送）では、シンプソン一家が破産してしまう。父親ホーマーが読んでいる新聞に「ヨーロッパがギリシャをeBayに出品」という見出しがあり、ギリシャが深刻な財政難に陥っていることが示唆される。放送当時は単なるジョークだったのだろうが、約10年後、ギリシャはリアルに深刻な金融危機に見舞われた。

ギリシャ経済は2010年までに崩壊し、デフォルト回避のために欧州連合と国際通貨基金（IMF）からの救済が必要な事態を迎えた。国内で失業が広がり、緊縮財政措置が実施された結果大規模な抗議活動が発生し、その後数年にわたって混乱が続くことになった。

「おませな転校生のアブラ・ダンス」でギリシャの財政難に関する要素が何気ない形で触れられたことで、『ザ・シンプソンズ』が実際に起きるはるか前から現実世界の問題を取り上げてヒントを与えているという話が改めて生まれ、予言アニメとしての信ぴょう性がますます高まった。

◉ノーベル賞受賞者の予言

「Elementary School Musical＝芸術家に憧れて」（２０１０年9月26日）というエピソードでは、マサチューセッツ工科大学（ＭＩＴ）教授の経済学者ベント・Ｒ・ホルムストロームがノーベル経済学賞を受賞することが、とあるキャラクターのセリフを通して語られていた。そして、各分野の受賞者の予想を書いた表が映し出されるシーンもあった。この6年後、ホルムストロームは実際にノーベル経済学賞を受賞した。

数ある予言の中でもかなり精度が高い例として多くの人々が記憶しており、将来のトレンドや出来事、後に有名になる人物を特定することができたエピソードとして『ザ・シンプソンズ』の神秘性をさらに高めることとなった。

ＭＩＴは２０１６年10月11日にツイッター（当時）の公式アカウントで「芸術家に憧れて」のシーンを切り取って紹介し、「シンプソンズでＭＩＴのホルムストローム教授がノーベル賞を受賞することが予言されていた。これは正しかったことが証明された」というキャプションを付けた。これに関しても当時のトレンドを正確に読み切れば予想は難しくないのかもしれないが、一般大衆にとっては脅威の事実だった。

◉FIFAスキャンダルとワールドカップ

「You Don't Have to live like a Referee＝ワールドカップデビュー」（2014年3月30日）で、ホーマーがワールドカップの審判になり、大会期間中にFIFA内部での汚職を知ったり、試合を放棄するよう求める賄賂の申し出を受けたりする。エピソード内ではFIFAを中心に国際サッカーの世界のおどろおどろしさが描き出される。

そして放送の約1年後、FIFAの金銭スキャンダルが現実化した。複数のトップ役員が逮捕され、賄賂や詐欺、マネーロンダリングなどの罪で起訴されるという事態を迎えたのだ。徹底的な調査によって、さまざまなレベルで行われていた広範な汚職が明らかになり、賄賂を受け取った役員が試合結果に影響を与えたり、大会開催権に便宜を図っていたりした事実が明らかになった。

このエピソードにはさらに驚くべき要素があった。2014年のW杯ブラジル大会でドイツが優勝するというストーリーだったのだが、現実でも決勝でドイツがアルゼンチンを破り、優勝している。優勝チームを当てるのはそれほど難しくはないかもしれないが、FIFA内部のスキャンダルの描写とドイツの優勝がひとつのエピソードの中で語られているとなると、不思議という感覚を通り越して不気味にさえ思えてしまう。

◉エボラウイルス

１９９７年10月19日に放送された「Lisa's Sax＝サックスはリサの宝物」で、マージが病気でソファに横たわっているバートに「おさるのジョージとエボラウイルス」という本を読むよう勧めるシーンが出てくる。「おさるのジョージと○○」というタイトルはシリーズに一貫するネーミングとして知られている。番組の中でももちろんジョークとして使われたのだが、問題はなぜエボラなのかということだ。

エピソードが放送された当時、この単語を知っているのは疫病専門学者であるか公衆衛生学の関係者くらいでしかなかったし、一般大衆が特に意識しているものでもなかった。エボラウイルスは以前にも流行を引き起こしていたが、ほぼ封じ込められていて、２０１４年の流行ほど西側諸国に影響を与えなかった。しかし２０１４年にエボラが世界的に蔓延すると、シーンはエボラウイルス流行の不気味な前兆と解釈され始めた。

◉ヒッグス粒子

「The Wizard of Evergreen Terrace＝発明は反省のパパ」は、１９９８年9月20日放

送されたシーズン10の第2話だ。このエピソードは、ホーマー・シンプソンが黒板に方程式を書くシーンが有名だ。この方程式が、数年後に現代物理学における最も重要な発見のひとつであるヒッグス粒子の質量をほぼ正確に予測したといわれている。

ホーマーが黒板の前に立ち、見慣れない数式と思われるものを走り書きしている。ホーマーが実際の能力をはるかに超えた何かに関わっているという、ザ・シンプソンズのお約束的なギャグのようにも見えるのだが、彼が書いていた数式はヒッグス粒子の質量を予測する際に使うものにきわめて近いのだ。ヒッグス粒子が発見されたのは2012年だったが、このエピソードの放送が実際の発見の14年前の1998年だったにもかかわらず、数式は驚くほど正確だったことが一部の専門家からも指摘されている。

◉ロンドンの〝ザ・シャード〟

「Lisa's Wedding＝リサの結婚」（1995年3月19日）の舞台は、未来のロンドンだ。とあるシーンで高層ビル群が描かれるのだが、中にひときわ目立つ先端がとがった特徴的な形状のビルが見える。このビルは、ロンドンの新しい象徴として2005年に着工された総ガラス張りの〝ザ・シャード〟に驚くほど似ている。

実物の着工は、番組がオンエアされてから10年後だ。製作サイドは、ロンドンにきわめて特徴的な外観のビルが建設されることがわかっていたのだろうか。そんな話がネット上で飛び交った。それだけではない。未来的な建築物を想像し、それを描くことは完全に不可能ではない。しかし、テムズ川沿いという位置まで正確なのだ。

◉カーリングアメリカ代表の金メダル

スポーツがらみでもうひとつ紹介しておきたいケースがある。「Boy Meets Curl＝愛のカーリングデート」（2010年2月14日）は、シンプソン夫妻が混合ダブルスのカーリングチームを結成し、冬季オリンピックで決勝まで勝ち進んだ上にスウェーデン代表チームを破って金メダルを取るというストーリーになっている。

放送当時、カーリングはアメリカ国内では人気スポーツとはいえない状態だったため、このストーリーには無理があると誰もが思ったはずだ。しかし2018年の平昌オリンピックでアメリカ男子カーリングチームが決勝でスウェーデン代表を破り、金メダルを獲得した。圧倒的な差があると思われたチームを相手に勝利した事実によって、シンプソンズの予言がまたひとつ現実になった。

◉アメリカ合衆国議会議事堂襲撃事件

1996年3月17日に放送された「The Day the Violence Died＝『イッチー&スクラッチー』を救え！」には、デモ隊がアメリカ国会議事堂を襲撃するシーンが出てくる。キャラクターが議事堂に侵入するシーンは、2020年の大統領選挙の結果を実力行使で覆そうとした暴徒がワシントンD.C.に集結した2021年1月6日の事件そっくりの描写だった。エピソードと現実の出来事の動機はもちろん違うが、暴徒のニュース映像を見た人の中に、シンプソンズのエピソードを思い出した人は少なくなかったはずだ。

関係者自らが語る〝予言性〟

ここまでずいぶん長く書いてきたが、それでもただ疑問ばかりが残っている気がしてならない。番組の脚本チームの社会分析能力が優秀であるだけなのか。あるいは一般大衆が知りえない神秘的な力が働いているのか。ここまで数多くの予言を世界中に見せつけてきた製作サイドの人々は何を語っているのか。

想像に難くはないが、『ザ・シンプソンズ』のクリエイターや脚本家たちは各エピソードの内容が予言的であることについて何回も質問を受けている。そしてどのインタビューでも、予言の多くが偶然や洞察力、そして社会的傾向に対する理解から生まれているものであり、未来を予測しようとした結果ではないと強調している。

番組の生みの親であるプロデューサーのマット・グレイニングの言葉を借りれば、予言の多くは「コメディタッチの誇張、そして脚本家たちが世の中の社会的・政治的傾向に敏感であることの結果」であるという。それに、30年以上続く番組のエピソードの多さを考えれば、アイデアのうちいくつかが現実になるのは統計的にあり得ることだと語っている。「700のエピソードを作って、何も予言できないとしたら、それはむしろクリエイターとして問題だ」

ただし、予言的な要素が決して意図的なものでは決してなかったというひと言を付け加えることを忘れない。

番組のエグゼクティブプロデューサー、アル・ジーンはトランプ大統領誕生を予言したエピソードについて次のようなコメントを残している。「2000年に彼が大統領になることを予言したが、当時はトランプが文明の終わりの象徴として、最悪のシナリオだと思われていた。でも、あれはトランプを予言したのではなく、彼の大統領選挙そのものがジョークになるだろうということだったんだ」

彼もまた、脚本家たちが政治や文化、テクノロジーについて非常に詳しいため、未来に起こる出来事であっても風刺の対象にすることができる可能性があると指摘している。ただ、番組を通して意図的に未来を予言しようとしているわけではないことを強調している。

脚本家兼プロデューサーのデヴィッド・X・コーエンは、2021年のインタビューで次のように語っている。「私たちがしているのはまるで確率のゲームのようなもので、たくさんのダーツを投げれば、いずれど真ん中に当たるものなんだ」

多くの予言は未来を予測するものではなく、その時代の現状を論理的に拡張した結果であり、既存のトレンドに基づいたものであることを強調した。例えば、テクノロジーの進化や娯楽産業の影響力の増大など、よく指摘される予言は現状のごく自然な形の帰結としての未来の出来事でしかないと語る。

『ザ・シンプソンズ』のクリエイターたちが度々口にするのは、番組の基本的コンセプトが誇張された風刺や不条理さである事実にほかならない。だから、予言は偶然とタイミング、そして鋭い風刺の組み合わせの産物であるとしか説明のしようがないようだ。もうひとつ一貫しているのは、番組が未来を予見するために作られたものではなく、現実のトレンドやアイデアを風刺的に誇張していることを強調する姿勢だ。

視聴者に対しては、まず番組のユーモアや風刺を楽しんでほしいと呼びかけており、予言的な作品として捉えることは決して勧めていない。驚くほど正確な予言的エピソードが存在することも事実だが、いずれも社会的な恐怖や希望、トレンドに対する風刺的洞察から生まれたものにすぎないのだ。予言の数が増え続けるにつれ、そしてその正確な描写が確認されるにつれ、『ザ・シンプソンズ』が未来について語る番組であるという話は本国アメリカのみならず、世界中のポップカルチャーの大きなジャンルのひとつとして認識されるようになったのが事実だ。スマートウォッチなどのデジタル機器をはじめとする最新テクノロジー、ドナルド・トランプの当選や米国議会議事堂の襲撃などの大きな政治的な出来事まで、『ザ・シンプソンズ』は文化的、技術的、社会的トレンドが現実化する前に描き続けてきた。

小ネタも含めれば数え切れないほどある実例により、『ザ・シンプソンズ』は未来を予言する驚異的な能力というきわめてユニークな特性によって、テレビ史上最も興味深く謎めいた番組のひとつとして認識されている。この認識は、これから先も続く。

第8章

カードゲームが予言した数々の重大事件

イラスト／高松啓二

何十年も先を予言したトレーディング・カード

前の章で述べた通り、『ザ・シンプソンズ』では数多くの予言的要素が提示され、その多くが現実化した。暦という媒体に予言的な文章が記されていたノストラダムスの時代から、アニメ番組が予言媒体として大きな影響をもたらす時代になったわけだ。

そしてこの章では、こちらも現代ならではの、もうひとつの媒体＝ゲームについて話を進めていきたい。もっと詳しくいうなら、トレーディング・カード・ゲームと呼ばれるジャンルだ。ゲームを媒体とした予言として有名なのは、日本では『ドラゴンクエスト』の第1作の〝復活の呪文〟――セーブしていた地点からゲームを再開するときに使う――として示される文章の内容が予言になっているという都市伝説だろう。具体的には、次のような予言的文章があった。

「あさだまお　こおりのうえお　うつくしく　おどる」

「きむよなは　こおりのうえお　うつくしく　まうね」

ゲームの発売年と、浅田真央（あさだまお）／キム・ヨナ両選手が出場したバンクーバーオリンピックが開催された年とは24年のギャップがある。これほど遠い未来に行われるイベントの主役2人の名前が正確に的中してしまったということなのだろうか。

この章で紹介したいのは、何十年も先の出来事を予言していたといわれるトレーディング・カード・ゲームだ。『イルミナティ：ザ・ゲーム・オブ・コンスピラシー』（以下『イルミナティ』）と『イルミナティ：ニューワールドオーダー』（以下『ＩＮＷＯ』）だ。

『イルミナティ』と、そのバージョンアップ版である『ＩＮＷＯ』は、アメリカのスティーブ・ジャクソン・ゲームズ社から発売されたトレーディング・カード・ゲーム／テーブルトップ・ゲームで、陰謀論や都市伝説、そして秘密組織による世界支配をテーマにしている。

１９８２年にリリースされた『イルミナティ』は一般人が知りえない権力構造の構築と世論操作というコンセプトを、ゲームで風刺的に表現したことでカルト的な人気を博した。『ＩＮＷＯ』は、オリジナルの『イルミナティ』をベースにした進化バージョンだ。リリースされたのは１９９４年で、陰謀論が再燃し『マジック：ザ・ギャザリング』をはじめとするトレーディング・カード・ゲームが主流になっていた90年代において多くのゲーマーから絶大な支持を得た。

『イルミナティ』も『INWO』も、プレイヤーがさまざまなグループや組織を駆使し、世界レベルで起きる事件や出来事を通し、世界征服を目指す過程が中心となる。いずれのバージョンも、陰謀論に関するブラックユーモアと風刺的な解釈で知られており、「一般人が知りえない強大な権力を持つ組織が密かに世界の出来事を操作している」という陰謀論の基本的構造に関する考え方をからかうと同時に、有名事件や陰謀文学、都市伝説、そしてオカルト的要素の知識を深めることができる作りになっている。こうした基本的コンセプトから派生して、イルミナティをはじめとする秘密結社やUFO、政府による陰謀など、主流派マスコミでも語られることが多い要素への言及が広がる。陰謀論者や、主として既存の歴史学および進化論を疑問視するいわゆるオルターナティブ思考（代替思考）を好む人々からも支持されている。

『イルミナティ』のアップグレード版という位置づけで『INWO』が発売された90年代半ばは、ポップカルチャーの流行とともに何度目かの陰謀論のリバイバルブームが起こり、それが『INWO』の世界観に深く関係していたという意見がある。

Windows95の普及によってPCが身近になり、2000年を迎えるころにはほぼ家電といっていいレベルの機械になった。こうした背景から、主流派マスコミからかなり離れた代替ニュースソースの台頭、政府に対する不信感の高まり、さらには地下メディア・プラットフォームの影響の拡大といった事象が顕著化した。

また、当時は『Xファイル』や『マトリックス』といったテレビ番組や映画が時代精神を反映するものとして認識され、一般人が知りえない強大な権力を握る秘密組織というモチーフが潜在意識に刷り込まれた可能性も否めない。陰謀論を大テーマとする『イルミナティ』に対する人気が生まれないわけがない土壌が整っていたのだ。

しかし、制作サイドは、ただ当時の陰謀論人気に乗って勢いでゲームを作ってしまったわけではなかった。陰謀論原理主義とでも呼ぶべきすべての事象を陰謀論に紐づけて考えてしまうような、がちがちの陰謀論者の姿勢や態度を揶揄（やゆ）するという趣が際立つ内容だった。

ところが、ゲームの評判は思わぬ方向に転がり、まったく新しい流れが生まれた。ゲームにハマった陰謀論者たちが、カードのイラストに予言的な意味合いを読み取り、自分なりの見立てや意見をSNSで次々と発信し始めたのだ。

『イルミナティ』も『INWO』も、そもそもこうした方向性の皮肉な笑いが大きなコンセプトのひとつだったのだが、カードのイラストがあまりにもリアルな事象とシンクロしていたため、いつの間にか「不気味な予言のカード」というレッテルが貼られることになってしまった。それだけではない。製作サイドの人間が、カードの予言についての内部情報を持っていたという説まで語られるようになった。『イルミナティ』カードは、こうして予言的な要素と直接紐づけて考えられるようになった。

カードのアートワークとテーマ

『INWO』でいえば400枚以上あるカードのテーマは複雑で、時として不気味に感じられるアートワークも有名だ。現実世界と空想世界を取り合わせた多数のグループが登場し、時事問題、政治家、事件に関する言及もあり、それなりの知識も必要だ。こういったゲームの本質とは離れたところで、『イルミナティ』も『INWO』も、一部のカードが現実の出来事を予言しているという説が根強く語られている。

『イルミナティ』から紹介するなら、「Al Amarja」というカードがある。Al Amarjaというのは『Over the Edge』というゲームの舞台になっている島国の名前だ。このカードのイラストに描かれているのは、直線を基調にした特徴のある建物と一風変わった服装をした男性の姿だ。

２０１２年7月、コロラド州のオーロラという町にある映画館で銃乱射事件が起きた。この事件の現場となった映画館の外観が「Al Amarja」のイラストに描かれている建物とそっくりなのだ。

それだけではない。銃乱射事件が起きた時、この劇場ではバットマンシリーズの『ダークナイト・ライジング』が上映されていた。「Al Amarja」のイラストに描かれている男性は、『ダークナイト・ライジング』の前作『ダークナイト』でジョーカーを演じたヒース・レジャーそっくりなのだ。髪型もコスチュームもジョーカーにきわめて似ている。知る人ぞ知るという類の話だが、『イルミナティ』の予言性を雄弁に物語るエピソードとされている。イルミナティカードには、二種類のゲームの増補版という位置づけで『ASSASSINS』というシリーズのカードも出ている。このシリーズから紹介したいのが、「Enough is Enough」というカードだ。

イラストに描かれているのは、怒りに満ちた表情で口を大きく開き、何かを訴えている男性だ。誰が見てもトランプ元大統領にそっくりで、右耳の上の部分に小さな赤い三角形が見える。2016年の大統領選挙では、トランプ候補にそっくりだということで話題になった。しかし、このカードにはさらなる予言的な意味合いが込められていたようだ。先ほど触れた小さな赤い三角形にも特別な意味が込められていた。

2024年7月13日、ペンシルベニア州バトラー近郊で行われていた選挙集会中、トランプ候補の右耳を銃弾がかすめるという暗殺未遂事件が起きた。トランプ氏は演壇につかまりながら立ち上がり、聴衆に向かって「闘え！」と訴えかけた。「Enough is Enough」は、まさにテレビ画面に大写しになったトランプ候補の顔そのままなのだ。2016年の大統領選挙の結果と2024年の暗殺未遂事件のダブルミーニング的な予言性を宿していたのではないかという話がネットで盛り上がった。

1994年にリリースされた『INWO』も陰謀論者やポップカルチャー愛好家、そしてメディア分析の専門家といった人々を長い間魅了し続けている。驚異的なのは、リリース当時の熱量が30年経った今でもほとんどそのまま変わらないという事実だ。

陰謀論に基づく戦略ゲームとして始まったが、前作と同じく、その予言的な性質から人々の注目を集めることになった。確かに、カードのイラストに描かれた出来事は現実世界で起きた実際の事件とよく似ており、将来の出来事を予言しているという話が出ても無理はないレベルの仕上がりになっている。イラストの数々は、当時の文化的要素を利用しただけなのか。過去30年間にわたって、議論の中核部分は変わらない。『ＩＮＷＯ』からは、以下のカードを紹介したい。

◉「Terrorist Nuke」

最も有名な『ＩＮＷＯ』カードの1枚といってまちがいない。アメリカ同時多発テロの際、ハイジャックされた航空機が激突し、倒壊したワールド・トレード・センターとしか思えないモチーフだ。何度も言うがリリースされたのは１９９４年である。予言というキーワードで話題にならないわけがない。１９９３年のワールド・トレード・センター爆破事件や国際テロ組織の台頭などの出来事により、１９９０年代にすでに存在していたテロに対する恐怖をイラストにしただけだという主張もある。しかし陰謀論者に言わせれば、これは９１１のきわめて直接的な形の予言であり、製作サイドが極秘情報にアクセスできた可能性もあるという陰謀論的な解釈もある。

◉「Pentagon」

このカードも９１１関連で大きな話題になっている。「Terrorist Nuke」と併せて考

える と、911の前兆としての明らかな形の予言にちがいないという解釈が圧倒的に支持されていた時期もあるのが事実だ。イラストには、攻撃を受けて中心部が燃え上がっているペンタゴンの建物が描かれている。

反論として挙げられているのは、いかなる形であれ世界の権力構造を論じる人々にとってペンタゴンは象徴的な標的となりがちな建造物であり、陰謀論による世界支配をテーマにしたゲームに登場することを予言とは解釈しがたいという説だ。

ただ、「Terrorist Nuke」と「Pentagon」を並べて眺めてみると、911そのままの光景としか考えられないと感じる人が多く、イルミナティカードの予言性を信じる人々にとってはかなりの説得力を持つようだ。

◉「Combined Disasters」

このカードのイラストに描かれているのは、崩壊する建物と爆発から逃げ惑う人々の姿だ。このカードに限っていえば、イラストの光景はまだ実現していない。しかし、だからこそ怖いという解釈もある。

画面右側に描かれている特徴的な建物は倒れかけている。日本人が見れば銀座のランドマークとして知られている時計台だが、イギリス人が見ればビッグベンということになる。さらに、手前に描かれている人たちが着ている洋服がオリンピックカラーであることから、オリンピックイヤーに何かが起きるのではという話もさかんに噂されていた。こうした事態が現実のものとなるとしたら、場所は日本なのか、それともイギリスなのか。そして起きるタイミングは、オリンピックイヤーなのか。

◉「Tidal Wave」

このカードに描かれている風景は、葛飾北斎（かつしかほくさい）の『富嶽三十六景（ふがくさんじゅうろっけい）』の中の「神奈川沖浪裏」に構図が似ているということから、日本に関する予言をイラスト化したものではないかという話があった。当時さかんに言われていたのは、東日本大震災の際に津波で被害を受けた建物のひとつという可能性だ。しかし、津波という共通点で2004年に発生したスマトラ島沖地震で津波に襲われた都市の光景を描写したものではないかという説もあり、解釈に関しては二分されているようだ。いずれも予言的要素とは切っても切れない話であり、『INWO』カードの予言性がさらにクローズアップされることになった。

◉「Plague of Demons」

このカードのイラストに示されているのは、コウモリと悪魔で表現される、世界中に広がっていく感染症のイメージだ。2020年の新型コロナウイルスのパンデミック後、さまざまな意味合いを持つカードとして認識されるようになった。

イラストに描かれている建物はアメリカ合衆国議会議事堂にそっくりなので、多くの感染者と死亡者が出たアメリカの惨状を伝えるものであると考えられていた。しかし、しばらくして中国の武漢が発生源であるという説が圧倒的な存在感を示し始めると、このイラストは最大の被害が出た国を象徴する建物ではなく、発生源をほのめかすものだったという解釈が支持されるようになった。実は、この建物は武漢にある商貿職業学院の外見にそっくりなのだ。以来、このカードは新型コロナウイルスの発生源を明らかな形で示したものとされている。

◉「March on Washington」

このカードのイラストを見た人は、デジャヴュのような感覚に襲われるにちがいない。誰もが一度は見た光景がそのまま描かれているといっても過言ではないだろう。2021年1月6日に起きたアメリカ合衆国議会議事堂襲撃事件は、発生と同時にリアルな映像が全世界に向けて配信され、大きな話題となった。

YouTubeなどで事件の映像を見ていただきたい。そしてこのカードのイラストと見比べていただきたい。スローガンを書いたプラカードの位置まで同じように見えてしまう。リアリティを軸とするなら、予言性はこのカードが一番高いといえるのではないだろうか。

◉「Cycle Gangs」

このカードも、リアリティなら引けを取らない。前項で紹介したアメリカ合衆国議会議事堂襲撃事件の際、ひときわ目立つ人物がいた。バッファローの角付きの毛皮を頭にかぶり、アメリカ国旗のカラーリングのフェイスペインティングを施した男性だ。どこかで見たことがある、と思って『INWO』カードを調べてみたら、「Cycle Gangs」というカードにそっくりの姿があった。

この男性は、事件発生後まもなく〝Qアノン・シャーマン〟というニックネームで呼ばれるようになり、ネット上であっという間に有名人になった。1994年に発売されたカードに、なぜQアノン・シャーマンそっくりの男性の姿が描かれていたのか。謎というしかない。

◉「France」

このカードを見て、筆者はとても驚いた。画角も中央部分から光が放たれている感じも、パリオリンピック開会式のフィナーレとなったセリーヌ・ディオン登場の時の放送映像そっくりなのだ。

つまり、カードがリリースされた時には開催さえ決まっていなかった30年後のオリンピックの開会式がパリで行われ、そのクライマックスの場面が切り取られたとしか思えないイラストが使われているのだ。

『INWO』の予言メカニズム：偶然か陰謀か

『イルミナティ』および『INWO』の予言的性質はまったくの偶然なのか、あるいは何らかの形で陰謀論と結びつくのか。予言あるいは予測は、偶然の結果でしかないという見方もある。これらのゲームは陰謀論や都市伝説をテーマにしているので、テロリズムや政府による国民監視といった、たとえばディストピア小説で取り上げられがちな要素が数多く盛り込まれている。現実に近い状態や設定が現れることもある。こうした現象はレトロフィットと呼ばれ、特定の事象が既存の象徴性と照らし合わせて解釈されることが多いのだが、ほとんどの場合は具体的な関連性を裏付ける要素がまったくない。

前の章でも触れたが、疑われるのは制作サイドの人々だ。陰謀論の枠組みの中では、カードの〝予言〟の精度が単なる偶然ではありえないほど高いことが指摘されている。つまり『イルミナティ』および『ＩＮＷＯ』においても、クリエイターたちが特殊なインサイダー情報を入手していたか、何者かの手によって進行されたいわゆる「予測プログラミング」を流布させるための大規模な秘密計画の一部である可能性もほのめかされる。「予測プログラミング」とは、映画やテレビ番組、ゲームといった娯楽メディアを介し、秘密組織による将来の出来事や計画が大衆に予告されるという心理手法だ。ゲーム名であるイルミナティが、こうした方向の議論に拍車をかけたと考えられる。陰謀論を信じる人たちにとって、暗号化されたメッセージや秘密計画の意図的なリークとして機能することも考えられる。

カードゲームによって実際の出来事が予言されるという思考は、現実に対する認識を形成するメディアの役割も大きいという議論がある。あふれんばかりの情報で満たされている現代社会においては、事実と虚実を区別することが難しくなってきている。

ここ数年間でフェイクニュースのレベルも格段に上がった。起きていないことが映像で表現され、それが事実として認識されてしまう状況の下地はすでに完全に整っている。予言や陰謀論というジャンルの話なら、そういう傾向はさらに強まるだろう。カードを予言と解釈する行為自体も、実際の事件に照らし合わせて再解釈が繰り返されるにつれ、自己達成的な予言に変わっていくというメカニズムも考慮する必要があるはずだ。

インターネットとポップカルチャーの予言的要素

Windows95の発売を機に爆発的に普及した家庭用PCは、コミュニケーションのあり方や商取引の形態、そして教育やもちろん娯楽まで、人間生活のすべての面に大きな影響と変化をもたらした。

こうした新しいカルチャーの中で興味深い現象として浮上したのが、予言的ポップカルチャーという要素だ。Reddit、YouTube、Twitter などのプラットフォームの台頭により、文化的な議論や陰謀論、および大衆メディアから発信されたいわゆる予言がそれぞれ独自の進化を遂げることとなった。いずれも、単なる受動的なツールではない。情報の共有方法や認識方法が積極的な形で形成され、強力な文化的ミームや拡散しやすい予言が続々と生まれている。

インターネットというプラットフォームでは、ポップカルチャーを媒体にして未来を予測することが可能なのだろうか。ネット特有のエコーチェンバー効果であるとかアルゴリズム以外にも、陰謀論およびネット都市伝説的なものも考察の重要な要素となるだろう。

ポップカルチャーは、長い間陰謀論のプラットフォームであり続けている。映画やテレビ番組、音楽などを通して大量の情報を発信できるメディアに未来予言能力がある、あるいは予言として提示した出来事を実現できる力があるという考え方も、わりと普通になってきているのかもしれない。そう信じる人が多くなってきているという意味だ。いずれにせよ、インターネットによって巨大な分散型・参加型文化が形成され、進化し続けていることはまちがいない。

そういう土壌の中で活躍するクリエイターが未来の出来事を予見する隠れた能力を

持っていたのか、それとも〝予言〟はファンによる過剰なパターン認識の結果なのかという議論も生まれている。

ポップカルチャーを通して実際に未来が予測されたり、いわゆる予言がもたらされたりするという仮説にもちろん科学的根拠はないが、インターネット文化によって人々が特定のメディアを見る方法は確実に変わった。ユーザーが何十年にもわたってコンテンツをふるいにかけ、特定の瞬間を強調し、それを予言として再文脈化することはごく簡単な作業だろう。注目を集める話題は共有され、再共有され、巨大な〝オンライン意識〟とでも呼ぶべきものを構築していく。

ここで決定的な役割を果たすのが、ミームと呼ばれるものだ。インターネット・カルチャーの生命線とされ、予言的物語が広がっていくプロセスで重要な役割を果たす。定義上、ミームとは拡散する文化情報の単位とされている。ユーモラスであり皮肉であり、そして挑発的であるミームはさまざまなプラットフォーム間で急速に広がることがよくある。そしてポップカルチャーの枠組みの中で陰謀論と交わると、予言の効果を強めるツールとして進化する。

たとえば『ＩＮＷＯ』のイラストの要素を〝まだ起きていない現実世界の出来事〟

という意味合いでの予言として組み立てられたミームは、多くの人々が興味を抱き、刺激的で挑発的であるため、拡散されやすくなる。問題なのは、ミームそのものに真実である必要がないことだ。受け手に響けばそれだけで十分であり、ミームがプラットフォーム間で共有されると、多くのユーザーによって再共有、変更、拡張が起こり、それがさらに拡散を助ける。こうしたプロセスの中で、予言が生まれる瞬間が訪れる。

ミームの特徴は、複雑な思考を単純化する能力だ。多くの要素を含む出来事やメディアにおける特定の言及を、ひとつのわかりやすい画像や短いフレーズにまとめる。予言的ポップカルチャーに限った形で考えれば、ミームは特定のメディアが将来の出来事を「予言した」事実を明確化する上で威力を発揮する。内容としては前述のとおりユーモアや風刺的なのだが、陰謀論など一歩踏み込んだ信念体系の媒体としても機能する。『イルミナティ』や『INWO』のカードのイラストは、ミームとしても秀逸なのだ。

予言に関連するミームが拡散していくにつれ、メディアに宿る予言力に関する信念と組み合わせられるということも起きるかもしれない。こういうことだ。ジョークとして始まったはずものが一部の人々によって真剣に受け止められ、「ポップカルチャーには未来を予見できる力があるのだ」という方向性のメタナラティブの形成に貢献する可能性も否めない。

ここで考慮すべき要素として、エコーチェンバー現象が挙げられる。自分と同じ思いが360度全方向から返ってくる「反響室」に例えられるコミュニティで、同じ意見をやりとりし続けることによって、自分がそもそも抱いていた信念が増幅し、強化されることを意味する言葉だ。各種SNSや掲示板など、同じ趣味や同じ考え方の多くの人たちとつながることができる場で起こりやすい。

特定の予言に関するミームを見つけた人は、最初こそ面白がっているだけかもしれない。しかし、そのミームにひもづけられるコンテンツに関わり続けると、予言を事実として扱うエコーチェンバーに引き込まれる可能性が高まっていく。日々触れるコンテンツが均質化されるにつれ、事実である部分がまったくなかったとしても、予言に対する信念が強まっていくはずだ。

さらにいうなら、エコーチェンバー現象はひとつの場所だけで起きるものではなく、それゆえ孤立して機能するわけではない。Reddit などの巨大プラットフォーム上のコミュニティは、陰謀論グループと相互に影響し合い、より大きな信念体系を強化していく。『イルミナティ』『ＩＮＷＯ』関連のフォーラムに関しても、もちろん同じことが言えるはずだ。ゲームのコンセプトやプレイシステムまで曲解し、解きほぐすのが難しい、相互関連的な陰謀論の複雑な網を作り出していく。

フィルターバブル現象

エコーチェンバーと密接に関連する要素のひとつとして、フィルターバブル現象にも触れておくべきだろう。ネット上でユーザーの個人的嗜好および過去の検索履歴に基づいて情報がフィルタリングされ、内容がよく似た情報や意見ばかりが提供され、多様な視点に触れる機会が減少する状態を意味する。ネットの使い方としてはきわめて受動的であり、ソーシャルメディア・プラットフォームの動作を司る基本的構造から生じる。

予言的ポップカルチャーでは、情報バブルによって強化効果がもたらされる傾向が指摘されている。たとえば『ＩＮＷＯ』の特定のカードのイラストに〝隠された意味〟を解き明かそうとしているユーザーは、同じトピックに関する情報ばかりが表示される可能性が高くなることが否めない。時間の経過と共に、アルゴリズムによる推奨がユーザーの思考や方向性の〝正しさ〟を裏付けるようなコンテンツに限定され、反対の性質のコンテンツへの露出は最小限に抑えられる。こうしたプロセスによって〝信頼できる論拠〟を得たユーザーは、ポップカルチャーが未来を予言できるという考えをますます強めていくだろう。

重要なのは、情報バブルが個々のプラットフォームに限定されないという事実だ。動画サイトで予言的ポップカルチャーのコンテンツを視聴するユーザーは、アルゴリズムの働きによって各種SNSでもよく似たコンテンツに多く触れる可能性がある。その結果、複数のプラットフォームでユーザーの信念――正しかろうと間違っていようと――がいってみれば純粋培養されるような包括的で自己強化的なバブルが生まれる。そして一つひとつのバブルがやがてつながり、大きなコミュニティとなる。

ネット上での予言的ポップカルチャーの増幅は、実社会においても大きな影響を与えるはずだ。拡散性が高い予言と陰謀論が勢いを増すと、まったく予想していなかった結果がもたらされる可能性もあるだろう。

『イルミナティ』および『ＩＮＷＯ』のカードのイラストは、ここまで書いてきたたすべての要素に当てはまるような気がしてならない。制作サイドの人々が盛り込んだのは、それぞれの知識や嗜好によるジョークめいた要素だったにちがいない。ただ、問題は個々の要素の情報としての精度が高すぎたことだった。だから、予言論・陰謀論のそもそもの発火点はここまで述べてきた範囲からかなり外れたところにあったのかもしれない。

陰謀論的な、あるいはオカルト的なものに対して嗜好性がある人たちが点けた火は、遠く離れたところでコミュニティを形成していたごく一般的なユーザーにも飛び火した。その後、連鎖的にゲームファンやトレーディング・カードコレクターのコミュニティを巻き込みながら拡散していき、今や主流派マスコミでも取り上げられるようなトピックになっている。

娯楽と信念の境界線が曖昧になっているのかもしれない。噂が独り歩きするという表現があるが、これはインターネット・カルチャーにおいても言えることなのではないだろうか。ジョーク、あるいはそれにきわめて近いものとして生まれたミームがきっかけになって始まったことが本物の信念体系に進化し、その過程の副産物的なものとして予言というキーワードが浮上するまでになった。そういう意見もある。

『イルミナティ』および『ＩＮＷＯ』カードは、図らずも事実と虚実の境界線が曖昧になっていくプロセスの一部として機能してしまったのかもしれない。そういう性質を単純に楽しむ人もいれば、秘密結社や政府による極秘プロジェクトの存在の論拠とする人もいるだろう。ネット上の予言的ポップカルチャーの増幅が、現実世界の人間の行動を形作るという説もある。一見極端な内容の予言を信じる人たちが金融政策の意思決定を行ったり、政治的見解を変えたり、さらには実現が確実であると信じ込んでいる予言の内容に基づく行動をしたりということも考えられない状況ではない。ポップカルチャーは、そこまで影響力がある要素になっているということなのだろう。

予言的ポップカルチャーの背後にあるメカニズムを理解することが、複雑なデジタル時代を生き延びていくために不可欠なのかもしれない。ミームやエコーチェンバー、アルゴリズムといった要素は、人間の認識をどのように形作るのか。そして、そういうプロセスを経て構築された認識の中で、『イルミナティ』や『ＩＮＷＯ』のカードのイラストはどのようにとらえられ、理解されるのか。前章で紹介した『ザ・シンプソンズ』も、この章で紹介した『イルミナティ』と『ＩＮＷＯ』も、シンギュラリティ＝技術的特異点という言葉がリアリティを持ち始めた今の時代特有の形の予言だ。

第9章

太古から響く声　ホピ族の予言と未来

イラスト／高松啓二

最古のネイティブアメリカン ホピ族とは

予言という言葉を軸にすると、2025年については実にさまざまなことが言われている。5月が危ない。いや、本当に気を付けなければならないのは7月だ。最近語られている数多くの予言の中から、この章で取り上げていきたいのは、アリゾナ州北東部を生活圏とするネイティブアメリカンの一部族であるホピ族の伝承の中で語られている予言的要素だ。彼らは長い間、深いレベルの精神的なつながりを地球に求め、それを実践し、信仰に昇華させてきた。先祖代々伝えられてきた予言の言葉は、ホピ族の未来だけでなく、人類と地球の運命についても触れている。

ホピの予言の中核を成すのは、破壊と再生のサイクルだ。大きな変革が訪れる時期にこうしたサイクルが訪れ、そのタイミングも具体的に示されている。そして今、破壊のサイクルの到来を感じ取っているのはホピ族の人たちだけではないようだ。2025年に関連するホピの予言とは何なのか。起源はどこにあり、なにが重要なのか。現代社会とどのような形でつながっているのか。さらには、多くの人々が2025年を人類史におけるターニングポイントと考えている理由は何なのか。

ホピ族はネイティブアメリカンの中でも最も古い部族のひとつであり、何千年という単位でさかのぼることができる歴史を有している。ホピという言葉は「平和の民」を意味し、その文化は土地コミュニティ、そして霊的慣習に対する深い敬意に根差している。ホピ族の世界観の中核となっているのは、時間の循環性と物質世界・精神世界に限らない形の、すべての物の相互関連性への信念であり、それが予言にも反映されている。語られているのはホピ族を対象とした言葉だけではなく、人類と地球の運命が示されている。

ホピの予言は口伝えの伝統に基づいており、「人間の貪欲さ」「腐敗」「霊的価値の軽視によって破壊された世界」などについて語られた教訓的な内容になっており、われわれが今住んでいるのは第四の世界であると定義されている。ホピ族の祖先は「カチーナ」と呼ばれる精霊から未来に関する知識と警告を受けた。ちなみに、第四の世界に至るまでの時代区分は次のように説明されている。

- 第一の世界：火によって破壊され、火山活動や宇宙的な大災害と解釈されることがある。

●第二の世界：氷によって終わり、氷河期や大規模な環境変動を示唆している。

●第三の世界：水によって覆され、洪水を想起させる時代で、ノアの方舟やアトランティスの伝説のような古代の洪水神話に関連していると考えられる。

●第四の世界：現在の私たちの世界であり、ホピ族の信念によれば、精神的な回復がない限り破壊の危機に瀕している。

ホピによれば、次の世界への移行は必然的に起こるべきものではない。人類は精神的覚醒、バランスと調和の原則への回帰を通して、災害を防ぐ力を持っている。あるべき姿を守っている限り、移行は訪れない。

予言の最大のキーワードとして挙げられるのが「大浄化」だ。自然災害や社会的混乱、人々の霊的覚醒といった要素がまとめて訪れる時期を意味し、この期間が「第五の世界」への移行に必要な時間であるとされている。第五の世界は調和とバランス、平和の新しい時代とされており、２０２５年が近づくにつれ「大浄化」という言葉の響きに特別なものを感じる人の数が増えているようだ。

ホピの予言の9つの兆候

また、ホピの予言には「9つの兆候」が示されている。いずれも第五の世界の到来に先立って起こるとされている一連の出来事で、1958年にホピ族の長老たちがデイヴィッド・ヤングという白人男性に明かしたと伝えられている。それぞれの兆候は人類史における重要な瞬間を象徴し、ホピ族の視点からは9つの兆候のうち8つがすでに現実化しているとされている。

◉白人の到来

最初の兆候はヨーロッパ人のアメリカ到来で、まったく異なる文化を持つ人々としてホピ族の生活に大きな変化をもたらすものとして示されていた。

◉空で回転する車輪

二番目の兆候は、飛行機をはじめとする空を飛ぶ機械の発明が示され、人間の移動手段と相互作用のあり方が根本的に変わることが示された。

◉バッファローの出現

これだけが理由ではないが、ヨーロッパ民族の流入と共に家畜として持ち込まれる外来種の生物が激増し、元来の生態系や先住民族の伝統的なライフスタイルに大きな影響がもたらされた。

◉鉄のヘビが大地を這いまわる

広大なアメリカ大陸を縦横に貫く鉄道網の発展は、先住民族の目には鉄のヘビがあちこちを這いまわっている光景として映った。これと同時に産業化が始まり、大きな影響がもたらされた。

◉巨大なクモの巣が作られる

そもそもは電力網の発達を表現したものと思われていたが、90年代半ばあたりからはインターネットの普及についての予言であると解釈されることが多くなった。

◉太陽の下で描かれる石の川

これは、世界各地の都市部における交通インフラの基盤である道路、とくに高速道路網に関する言及であると思われる。

◉海が黒くなり、多くのものが死ぬ

化石燃料に依存している現代社会では、海路を使った輸送が頻繁に行われている。そして原油タンカーが座礁などの事故を起こし、海で流出事件が起きる。海に原油

が流れ出せば、広い範囲の海域の生態系が破壊的な影響を受ける。こうした事例は枚挙にいとまがない。

◉髪の長い人々が現れる

これは、60~70年代のカウンターカルチャー運動の台頭と解釈され、自然への回帰とスピリチュアルなライフスタイルを追い求める人々が、反体制的な意味も含め、特に男性が好んで髪を長く伸ばす風潮を示したものと考えられている。

◉天に住めるようになる

最後の兆候はいまだ完全には実現していないとされている。これは宇宙探査や地球外生命との接触の可能性、そして他の惑星への移住に関連していると考えられている。こうした兆候がほぼ完了した今、世界は偉大な浄化を迎える時期にさしかかりつつあり、2025年が人類史における重要な転換点になるかもしれないというのだ。

ブルースター・カチーナの予言

ホピの予言の中で最も有名な要素は「ブルースター・カチーナ」かもしれない。前述のとおり、カチーナは精霊に近い存在で、ホピの神話体系では森羅万象に宿るとされている。そして2025年は「青い星」がキーワードになるという見方をする人が多い。

ホピ族は豊かな精神的伝統と自分たちが住む土地との強い結びつきを意識しながら暮らしてきた。こうした認識は、人類と地球の運命について語られる予言という形で代々受け継がれている。そして予言の多くは森羅万象を司る周期、天体の動き、人類の道徳的・精神的幸福とひもづけられている。

ホピ族の信仰体系は、基本的には自然信仰だ。その中核に据えられているのが、神々の遣いとしての役割を果たして人間と交流する「カチーナ」と呼ばれる霊的存在だ。ホピの予言にはさまざまなカチーナが登場するのだが、最もよく知られているのがブルースター・カチーナだ。その名の通り青い星を司る存在で、青い星は世界の終焉を告げる天体にほかならない。

「大浄化」に結びつけて考えられるブルースター・カチーナの予言は、ホピ族も特別視している。青い星は第四の世界（現在の時代）の終わりと第五の世界への始まりの移行期に空に現れるしるしとされているからだ。

青い星は、おそらく彗星という形で現れるとされている。それがもたらすものは混沌と破壊、そして再生という順番で急速に進行するプロセスである「大浄化」にほかならない。夜空を駆け巡る青い彗星は、浄化の時期のさきがけなのだ。しかしこの予言は、ただ恐れるべきものではない。むしろ地球の自然なサイクルの一部として理解されるべきだ。具体的な予言の言葉は以下のようになっている。

「ブルースター・カチーナが天に現れるとき、第五の世界が現れる。それは浄化の日となるだろう。ブルースター・カチーナは広場で踊り、その仮面を外すだろう」

ブルースター・カチーナは自然の精霊の擬人化なので、たとえばアリゾナ州のセドナに行けば、アートショップでその姿を模した人形を買うこともできる。ただし他の種類のカチーナはどんなものであっても比較的簡単に手に入れられるのだが、ブルースター・カチーナが展示品として飾られているのは珍しい。オーダーメイドでしか手に入れられないようだ。

20年近く前、筆者はセドナのアートショップを訪れたことがある。ブルースター・カチーナの伝説は知っていたので人形を買いたいと思い、店員さんに尋ねてみると「そんなことを不用意に言うものではない」といったニュアンスの言葉を返された。タブーとまではいわなくても、ほかのカチーナと比べてまったく異なるレベルの畏怖の念をもって接すべきものであるというのだ。

ブルースター・カチーナの予言の文章には「仮面を外す」という表現が盛り込まれているが、これは真実の露見、そして隠された知識の明示の象徴であるといわれている。ならば、ブルースター・カチーナが象徴するもの、そしてそれによって明らかにされるものは、具体的にはどんなものなのだろうか。

ブルースター・カチーナの象徴性

ブルースター・カチーナには、豊かな象徴性が宿っている。ホピ族の伝統では、さまざまな色に霊的な意味が見出され、解釈されることが多い。青は水、命と癒しを象徴する色だ。予言には、たとえば洪水であるとかあるいは大雨であるとか、水に関連する自然災害が暗示されている可能性を指摘する専門家もいる。水に関連する自然災害が起こり、大きな被害が出るという話だ。星の位置の変化は宇宙における再編成の象徴であるので、人類が宇宙という大きな枠組みの中で自らの位置を認識する必要があるという考え方もある。

ブルースター・カチーナは、人類を激動の時代へと導く天界の精霊の象徴なのかもしれない。また、予言の文言にも出てくる「仮面を外す」という行いは欺瞞や幻想が消え去り、真実だけが明らかになるプロセスが示されている。これは霊的な覚醒や啓示、あるいは社会から政府まで様々なレベルの秘密が露見する状況の比喩的な表現と解釈することができるかもしれない。前述のとおり、ものごとがこの段階に至るまでのプロセスが9つの兆候であり、そのうち8つが実現しているというのがホピ基準の現状なのだ。

そして今、現代社会の世界的な流れの中で、予言との関連性が再評価されている。気候変動や社会不安、環境破壊、そしてテクノロジーの進歩はホピ族の長老たちが長い間語り継いできた警告や兆候の数々とシンクロしているとしか感じられない。天文学分野に限って言っても、彗星の出現や太陽活動の激化、そしてきわめてまれな惑星配列が実現する可能性などについて語られ始めているのが事実だ。

さらに言うなら、「大浄化」の概念は、政治的混乱や環境災害、パンデミックなど、世界が直面する危機の比喩としてとらえられる機会が多くなってきた。しかも、ウクライナ紛争やイスラエルとハマスの対立など、終結はおろか拡大する一方の懸念が明確化している。こうした世界的な問題すべてが、ホピの予言によって示唆されている大浄化や変革の必要性を反映するものなのかもしれない。

ホピの予言は精神的な要素と深く関わっており、それゆえブルースター・カチーナとの関連性を科学的な視点から説明しようとする試みも行われてきた。単に青い星といっても、前述のように彗星という可能性もあれば、隕石や超新星ということも考えられる。２０２５年には太陽活動の増加や地球近傍の天体、その他の天文現象についての議論が広がっていくだろう。予言で語られているブルースターの描写に合うような劇的な天体現象が起きる可能性を示唆する人もいる。

２０２５年が目前に迫っている今、ブルースター・カチーナの予言は、現在の世界をどう見るかということから考え直さなければならない問題なのかもしれない。文字通りの意味合いであれ比喩的であれ、メッセージには強い響きが込められている。人類は生き残り、次の時代で繁栄していくために必要な浄化のプロセスを経験しなければならない。

「大浄化」が起きるタイミングは、予言の文言の中で具体的に示されているわけではない。しかし、２０２５年がさまざまな意味合いで重要な節目となるという信念を抱く人の数は決して少なくない。その背景には、以下のような要素が挙げられる。

◉環境の悪化

ホピ族は昔から、自然界を軽視する姿勢が壊滅的な結果を招くと警告してきた。近年では気候変動や森林伐採、環境汚染、そして絶滅危惧種の増加が深刻なレベルに達している。2025年は、人間の行動が由来となって起きる累積的な影響が「大浄化」を引き起こす臨界点となるかもしれない。

◉世界的危機

現在、世界はいくつもの前例のない課題に直面している。政治的不安定や経済的不平等、パンデミック、核戦争勃発の脅威など、解決には全世界レベルでの協調的態度が必要になるものばかりだ。ホピの予言は、人類が自らの行動の結果に直面し、受け容れなければならない時がくることを示唆している。それが2025年なのだろうか。

◉霊的覚醒

必要以上にスピリチュアリティ寄りの話にしたくはないのだが、現実として、霊的覚醒と地球との絆を求める動きが目立ってきている。これは既存の宗教に限ったものではなく、80年代以降からさかんになってきた、いわゆるスピリチュアリズムにも通じる傾向だ。ホピ族は人類が霊的価値を再認識し、自然と調和して生きることを通してのみ、破滅を避けることができると信じている。2025年は霊的な再生の年となり、個人からコミュニティまで、それぞれのレベルで新しいあり方、新しい生き方、新しい道を選ぼうという気運が高まっていくかもしれない。

このように、「大浄化」の概念はホピ族の精神的伝統と世界観に深く根差している。何世代も前から遵守されているホピ族の人々のウェイ・オブ・ライフ＝生き方といってさしつかえないだろう。ホピ族の信仰によれば、人類は複数のサイクル、または「世界」を経て生きてきたが、各サイクルで人間の貪欲さ、腐敗、そして神聖な生き方からの乖離(かいり)が目立った。だからこそ「大浄化」によって世界の終わりを迎え、次の世代に備えなければならない。

コヤニスカッツィとパハナの帰還

前述のとおり、ホピの予言には大浄化が訪れる前兆として環境の変化、道徳観の退廃、社会の混乱などが挙げられているのだが、ここでは前兆の中からふたつの要素をピックアップして、もう少し詳しく見ていきたい。最初に紹介するのは、コヤニスカッツィだ。

「コヤニスカッツィ」(Koyaanisqatsi) は、ホピ語で「バランスを失った生活」「狂った生活」「混乱した生活」などを意味する言葉だ。ホピの予言における中心的概念であり、現代社会が自然、精神世界、そして生命の神聖な原則との調和を失いきっている状態を示している。さらにいうなら、自然や精神的基盤から切り離された人間が迎えるのは混乱と破壊しかないというホピの信念を反映している。

コヤニスカッツィの概念は、ごく簡単にいうなら、自然と調和しなくなった――あるいはできなくなった――生活様式を指す。ホピ族は、人類が地球をはじめとする森羅万象に宿る神聖なサイクルからますます切り離されていると信じている。こうした乖離傾向は環境破壊、天然資源の乱用、技術の過剰使用、そして道徳の低下という形で顕著化する。コヤニスカッツィとは、別の言葉に置き換えるなら、たった今世界レベルで起きている深刻な不均衡の状態を意味する言葉といえるだろう。

ならば、われわれ現代人はコヤニスカッツィという言葉を警告として受け取るべきであるかもしれない。というのは、すでに明らかな兆候がもたらされているような気がしてならないからだ。思えばこの数年間、地球のあちこちで異常気象や大地震、そして戦乱が後を絶たない。コヤニスカッツィの要素すべてが実現していると言っても過言ではない。ハワイ州マウイ島ラハイナの大規模火災をはじめとする世界中で起きている山火事、2024年の元日に能登半島を襲った大きな地震と10月初頭の豪雨、そして日本では10月に入っても気温が30度を超すような酷暑の傾向が衰えない。これは2024年の世界の異常な気象を端的に示す現象だろう。

世界レベルでものごとを見るなら、2022年2月24日に始まったウクライナ紛争は2年半以上を経過したこの原稿の執筆時でも終結していないし、2023年10月7日にハマスがイスラエルに対して奇襲攻撃を行って始まったイスラエル・パレスチナ紛争は1年経った時点でイランやレバノンといった周辺国まで巻き込みながらスケールアップしている。こうした状況は、どれひとつとってもコヤニスカッツィで警告されている〝破滅的な結果〟への道標ではないだろうか。すでに述べているこうした要素は、コヤニスカッツィの目に見える例なのだ。

コヤニスカッツィとは、ホピ族が語り継いできた原義では、精神的警告でもある。ホピ族の祖先たちが暮らしていた時代と現代のライフスタイルがあまりにもかけ離れていることはいうまでもない。ただ、ホピの予言の概念では地球との精神的なつながりを保つことが生存そのものに不可欠だとされており、物質主義や貪欲、精神的価値を無視する生活が持続不可能であることを示している。地球は乖離に対し、災害や混乱といった浄化の力で応えるのだ。乖離傾向があからさまな人類に対し、地球もあからさまな形でメッセージを送ってきているのかもしれない。

ただ、現代文明においてコヤニスカッツィが完全に無視されているかといえば、決してそうではないようだ。この言葉は、1982年の実験映画『Koyaanisqatsi』を通じて広く知られるようになった。工業化された社会と自然の対比を視覚的に表現し、技術の発展と現代社会がもたらす環境や社会への影響が描かれている。映画自体は直接ホピ族の伝統と関連したものではないのだが、それゆえこの映画の存在価値が高まるような気がする。1980年代初頭の時点で、無意識のうちにホピの予言と人類の関わりが示されていたのかもしれない。

ここでもうひとつ触れておくべき要素は、「パハナ」だ。〝白い兄弟〟と表現されることもある。パハナは大浄化の時期に戻ってきて、ホピ族の教えに忠実だった者たちだけを安全に導き、道を外れた者たちに裁きをもたらすとされている。

ホピの伝承によれば、パハナはかつてホピ族と一体だった精神的な兄弟のひとりで、人類が第四の世界――現代――に入ったときに、「いつか戻ってくる」と言い残して東に旅立った。ところがこのパハナの帰還は、人類にとって困難と混乱の時期に起きるとされている。これが大浄化のタイミングと重なる。

パハナはホピ族に知識と知恵をもたらし、世界の調和を取り戻すための手助けをする。その帰還は精神的な意味での再生を意味し、正しく生きた者と精神的真実から逸れた者を選別する審判となる。ここでパハナの導きを得られない者は、大浄化の後に続く第五の世界に入ることはできない。第五の世界に入るのは、次代の地球を創っていくべき者たちだけだ。

ホピの精神的伝統において、パハナは精神的なバランスの回復と古代の知恵の復活を象徴する存在であり、その帰還は第四の世界から第五の世界への移行と密接に関連している。第四の世界から第五の世界への過渡期には大浄化が起きる。パハナはそのさきがけともなる。そしてパハナの帰還は単に物理的な到来を意味するだけでなく、より深い精神的な覚醒を象徴する。地球とのつながりを取り戻し、自然と調和して生き、バランス、平和、そして尊敬の教えに従うことを呼びかける存在にほかならない。パハナの帰還は困難な時期を経た後の希望と再生の象徴であり、調和した未来への可能性を示すものなのだ。

コヤニスカッツィと、それに直結するパハナの帰還が起きるのが２０２５年なのだろうか。そして、パハナとブルースター・カチーナの間には何らかの関係があるのだろうか。２０２５年という年は、特にホピの予言を軸にして考えてみても、かなり特殊であるといえそうだ。

ホピの予言と２０２５年

もう一度記しておく。ホピの予言の内容と２０２５年を具体的な形で結びつけるような要素はない。しかし、たとえば日本国内のネット世論に限っていえば、２０２５年が特別な意味を持つ年として認識されている。この認識が大浄化という言葉の響きとひもづけられ、「２０２５年には大きな何かが起きる」という確信めいた感情が生まれている。こうした流れは、ニューエイジや神秘主義、そして陰謀論などそれぞれが独立して併存する広範なジャンルの要素を組み合わせて出来上がったものなのだろう。さまざまに異なる精神的伝統や予言を組み合わせた上で、きわめて現代的な解釈から生まれたもの。そう定義することもできるかもしれない。

2025年という年は特定の信念体系や思想において重要な意味を持つかもしれないが、伝統的なホピの教えでは、大浄化と第五の世界への移行は人類が自然や精神性における調和を完全に失ったときに起きるとされている。ただしホピの予言における大浄化と第五の世界への移行は、ドゥームズデイ的な世界の破滅を思わせるようなものではなく、人類がよりよいあり方で存続していくための過渡期というポジティブなとらえ方をされるべきである事実を忘れないほうがいい。2025年は危機が訪れる年であると同時に、希望と変革の機会を象徴する時期であり、多くの人々にとって大きな意味を持つかもしれないのだ。

まったく別の方向から見てみよう。陰謀論の文脈でホピの予言を考察する際、予言の警告と気候変動、政治的不安定、技術の進展などの現在の世界的な問題が結びつけられることが多い。一部の陰謀論者はこの予言を新世界秩序やグローバルエリートの支配、または大浄化の言い換えというニュアンスが強い「グレートリセット」と呼ばれるものの進行に関連づける。

◉気候変動

一部の陰謀論の中では、自然災害や環境の劣化は、気象工学（ケムトレイルや気象操作）や、エリートが人口削減や新世界秩序を推進するために行っているとされる秘密計画に関連付けて解釈される。

◉世界的政治不安

予言で言及されている混乱や社会の崩壊は、崩壊しつつある政治体制や経済危機、そして意図的に引き起こされた社会の分断に対する不安と一致する。こうした混乱が姿を見せないまま活動するグローバルエリートによって権力を統合するために画策されているという主張もある。

◉技術的支配

ＡＩや監視技術、デジタル通貨への依存は、人類が自由を制限され、技術による完全な支配に向かうディストピア的な未来に進んでいるという考えに繋がりがちだ。このシナリオが第四の世界の終焉として予言されたものに重ねられ、同じ文脈で語られる可能性はあるだろう。

こうした一連の動きが、歴史のタイムラインの中の２０２５年という目盛りで顕著化し、現在のグローバルガバナンスの大きな変化に関する憶測に影響を与えることになるのだろう。２０３０アジェンダをはじめとする数々の国際協定が、こうした流れを一気に加速させるという意見も見られるのが事実だ。

それでは、ホピの予言で語られていることと現状を比較し、それぞれを突き合わせる形で詳しく見た上で、さらに陰謀論的角度の見立てを盛り込んでみよう。ホピの予言という大きなトピックには、昨今日常レベルのボキャブラリーとなった感が否めない陰謀論という概念が大きく関係すると感じるし、陰謀論を信じる人の数が多ければ、時代精神とも形容すべき感情からも何らかの影響があると思えるからだ。

◉環境崩壊と気候変動

ホピの予言には、自然災害や環境破壊によって象徴される「地球の大変化」が語られている。具体的には巨大な洪水や山火災、干ばつといった自然災害が含まれる。ここ数年間は異常気象による大規模な山火事や洪水が頻発している。

気候変動は現代社会において最も差し迫った世界的課題のひとつであり、自然災害発生の増加は予言の成就であると解釈される場合もあるだろう。ただ、いわゆる陰謀論者は、すべての自然災害が自然由来のものであるとは考えない。たとえば、気候変動は意図的な計画の一部であるという話はネット上でもよく見る。グローバルエリートが気候政策を利用して、たとえば炭素クレジットや資源配給などを通して、より厳格な形の管理体制を強いているという説もある。「グリーンニューディール」や「2030アジェンダ」は、社会・経済・統治構造が再構築される「グレートリセット」への足がかりと見なされることもしばしばだ。

◉社会崩壊と第四の世界の終わり

ホピの予言では、現在の世界である第四の世界は崩壊し、その後、第五の世界への道が開かれるとされている。前述のとおり、この移行期には広範な混乱や紛争、社会崩壊が顕著化する。

陰謀論の枠組みの中で語るなら、現代の政治的不安や社会的混乱が社会崩壊の兆候として解釈される。特に権威主義の台頭や経済的不平等、超大国間で生まれる緊張などが現行システム崩壊の引き金になるとされる。

さらにいうなら、グローバルエリートがさまざまな方法で意図的に社会を不安定化させ、新時代の世界レベル統治システムを構築しようとしていると考える人たちもいる。現行システムの崩壊を画策しているのは、世界経済フォーラムや国連だ。「グレートリセット」をはじめとする取り組みを通して新しい形態の統治が導入されることが強調される。このロジックは、第四の世界が崩壊した後に新しい世界が誕生するというホピの予言に似ている。

◉テクノロジーによる監視と管理

ホピの予言では、スピリチュアルな行いの喪失と、物質的・技術的進歩への過度な依存に対する強い警告が発せられている。こうした生き方をしていると人間性が失われ、自然界とのつながりが断たれてしまう。

現状はどうだろうか。進歩と形容されるものによって個人の自由が制限される現実と、プライバシー侵害のツールとして機能するテクノロジーを非難する声もある。また、デジタル通貨やバイオメトリクス認証システム、そして中国ではすでに実用化されている監視システムの台頭は、自国民を支配するための計画の一部と解釈されることがしばしばだ。こうしたテクノロジーによる支配は、エリートがすべての人のすべての行動を追跡し、監視できる全体主義的社会の実現に近づくプロセスと解釈され、警告的な意味合いで語られている。

◉ブルースター・カチーナと天体現象

前述した通り、ホピの予言の中核部分と呼んでもいいのが、第四の世界の終焉を告げるブルースター・カチーナの出現だ。実際的な解釈としては超新星や彗星、さらには地球外生命体との接触といったものがあった。ところが、ここ2年ほどは話の方向性が変わってきた。ごく最近、元軍人を証人に迎えてアメリカ議会主催のUAP（航空異常現象）に関する公聴会が相次いで開催され、地球外生命体の存在がこれまでにないほどクローズアップされている。こうした傾向がまさにブルースター・カチーナの出現であると解釈する人が増えている。

こうした要素に加え、太陽フレアや小惑星の衝突もブルースター・カチーナと関連づけられることが多い。UFO目撃報告の増加、信頼できる目撃例の公表、さらには元軍人で政府のUFO関連秘密プロジェクトと深く関わっていたルー・エリゾンドのような人物が注目を集めることによって、ホピの予言に記された宇宙的啓示の実現が近づいていると考える人もいる。

現代の実際の出来事や陰謀論の観点からホピの予言を見ると、多くの象徴的な要素がちりばめられていることがよくわかる。予言全体が現代世界のさまざまな側面と共鳴している事実はある程度認める方が態度としては冷静なのかもしれない。

環境問題、社会不安、技術的進歩、そして宇宙現象にはすべて予言の警告との間に共通点を見出すことができる。陰謀論の枠組みの中では、こうした兆候はグローバルエリートが司るグレートリセットによって計画されたと解釈されることが多いだろう。

しかし、もちろんそれが絶対的なコンセンサスであるわけではない。本当の意味での新時代を招き入れる最大の要素は、これまでになかったレベルの霊的覚醒が起こり、それによって新しい時代が到来するのかもしれない。

そう考えると、ホピの予言はこれからの地球のあり方を考えるにあたって必要な、大きなデザインのアドバイスと考えることもできるだろう。これまでのライフスタイルを省みて、予言的要素をどのような形でこれから先の時代の出来事に当てはめていくべきなのか。個々の予言の文言に、具体的な年代が明らかに示されているわけではない。決して具体的ではないものの、思い当たるところはかなりある。正せるところは正したほうがいいに決まっている。ただ、われわれにそれだけの時間が残されているかどうかは別問題だ。

第10章

迫り来る新時代 2025年以降の世界像

予言という概念は、何千年もの間人類を魅了し続けてきた。古代の予言者の言葉や宗教文書における神からのメッセージとしての預言、そして現代の予測・予想に至るまで、未来を見通すという考えは信じる／信じないという二元論的な枠組みを超えて多くの人々の心を捉え続けている。

2025年を目前にした今、宗教的、精神的、哲学的伝統からのさまざまな予言が再び注目を浴びている。気候変動、政治的不安定、技術の進歩、社会的規範の変化など世界情勢の不確実性が高まる中で、多くの人々が混沌とした世界に意味を求めようとしながら、あらゆる種類の予言を見直している。

ここまで、ノストラダムスをはじめとする伝統的予言者が残した言葉、今注目すべき予言者たち、ポップカルチャーの枠組みの中で浮上する要素、そしてホピの予言まで、さまざまなタイプの予言を俯瞰(ふかん)的に検証してきた。最終章となるこの章では、2025年以降に現実化する可能性がある予言について、より具体的な形で探っていこうと思う。

シンギュラリティという科学的予言

いまそこにある予言という差し迫ったニュアンスであり、しかも現代人の誰もが直面することを余儀なくされているのがシンギュラリティだ。技術的特異点という訳語があてられていて、技術的な成長が指数関数的に続く中、人工知能が人間の知能を大幅に凌駕（りょうが）する時点という意味で使われる。一般的に、こうした状況が訪れるのは2045年といわれていたが、ここ数年のAIテクノロジーの飛躍的進化によって実現のタイミングがかなり早まったと考えられている。

この概念の中核を成すのは、いうまでもなくAIテクノロジーなのだが、そのAIが人間の知能を超え、これまでの歴史ではまったく考えられなかった形の変革が訪れる。これは予言というよりも、確実に訪れる未来に関しての展望に近いのだろう。シンギュラリティという言葉は1950年代に数学者のジョン・フォン・ノイマンが初めて提唱し、未来学者のレイ・カーツワイルの論評によって広く知られるようになった。そして2016年にアメリカのGoogle DeepMind社が「AlphaGo」という囲碁対戦用AIを開発し、人間のプロ囲碁棋士との対戦に勝利を収めて以来、多くの人々がる。

変革の到来を感じ取り、科学的側面だけではなく予言的側面からも注目が集まってい

シンギュラリティが影響をもたらす分野はきわめて多いと考えられている。あえて「考えられている」と書いた理由は、波及の度合いがどのくらいになるのか、現時点では誰にもわからないからだ。影響を免れないことが明らかな分野は経済や医療、コミュニケーション、そして人間の意識の本質と広範囲にわたる。AIの進化によって人間がすべき仕事が減り、機械に取って代わられる可能性はかなり前から話題になっているが、シンギュラリティの本質はそんな狭義なものではない。

前述のとおり2045年に完全に実現するといわれているシンギュラリティだが、専門家の間では2025年に重要な前兆が顕著化するという意見が多く聞かれるようになっている。人工知能汎用知能、機械学習、量子コンピューティングにおける進化を通して、基盤部分が明確化するというのだ。

2025年が重要視される理由のひとつとして、AIが日常生活においてますます存在感を高めていることが挙げられる。そもそも人間との関わり合いは、囲碁や将棋などのゲーム理論的な分野から小説の執筆や絵画の制作、作曲などエンターテインメ

ント分野から始まったはずだ。変わったところでは、最近になってイエス・キリストの復顔作業も行われている。

医療分野ではＡＩが医療画像の解析や患者の予後の予測、新薬の開発支援にまで活用されている。自動運転テクノロジーはＡＩアルゴリズムによって一般化が間近であり、浸透すればこれまでの時代の交通システムや都市計画を一変させる可能性がある。

ＡＩテクノロジーの適用分野が広がっていくにつれ、人間の制御を超えた能力を持つ段階に達する懸念へのリアリティが増していく。そして、進化の速度は年々早くなっているのが事実だ。２０２５年がシンギュラリティにおける大きな意味を持つ年になるというのは、そういうことなのだ。まさに予言というよりも予測に近いといえるだろう。

便利なことはたくさんあるのだが、決してそればかりではない。現時点で最も恐れられているシナリオは、ＡＩがある程度以上の知能を獲得した後、人間による制御が不可能になる状況だろう。ＡＩシステムが自律思考を始めると、人間の理解を超える行動に出る可能性があり、人間の意思決定が完全に阻害されるような状況が生まれてしまうことが考えられる。もう一度強調しておく。話はもはや「人間の仕事を機械に奪われる」などというレベルではない。人間の存在そのものがいろいろな意味で問われる時代は、すぐそこまで来ていると思ったほうがいい。

2025年がテクノロジーと人類文明の関係性においての転換点になる年として注目を集めるのはごく自然な流れなのだ。知能の爆発と急速な技術進化という側面を持つシンギュラリティは、人間の英知そのものが大きく様変わりする発火点となりえる。ただそれと同時に、倫理的な課題も山積みの状態であり、解決されていない部分が大きすぎる。

2025年はシンギュラリティの夜明けとなるのか。あるいは、テクノロジーと人類の関係を見直すきっかけとなるのか。われわれにとって、これまでのあり方に関する内省と、これから先の時代に「こうありたい」という願望がぶつかり合う年になるだろう。

グレートリセット

新型コロナウイルスのパンデミックのさなかに注目を集めた「グレートリセット」という言葉がある。そもそも世界経済フォーラム（WEF）によって提唱された計画で、現代の社会、経済、政治の未来に関する議論に関するオールマイティーなキーワードと認識されるようになってしばらく経つ。持続可能で、公平かつ強靭な世界経済を再構築する戦略として提案されたこの計画の目的は、パンデミックによる経済的および社会的課題に対処しつつ、長期的な問題（例えば気候変動や不平等、技術的変革など）に対応していくことだ。

しかし、グレートリセットは単なる政策の転換点以上のものと見なされており、世界の権力構造と社会規範に大きな変化をもたらすものとしてとらえられている。特に2025年が近づくにつれ、グレートリセットが予言と結びつき、人類が望むべき形での再生か、無条件の統制の強化かを選択しなければならない可能性が見え隠れしている。

グレートリセットの概念が世界経済フォーラムにおいてはじめて発表されたのは2020年6月だった。その目的は、新型コロナウイルスによる経済的および社会的な課題に対処しながら、持続可能で包摂的、かつデジタル新技術を最大限に取り入れた新しい世界秩序の基盤を築くことだ。パンデミック後に実現されるべき形の社会再構築のアイデアは、持続可能性と社会的包摂、デジタル革新を優先しながら世界レベルでの経済システムの再編成を試みていくプロセスが核となっている。言葉を変えれば、物理的な接触を基本としていたこれまでの社会のあり方を根本から変えてしまおうという計画にほかならない。以下に挙げるのは、3つの主要な柱だ。

◉経済構造の改革

伝統的な意味合いでの資本主義を再構成し、株主資本主義ではなくステークホルダー（企業が活動する上で、直接的または間接的に影響を受ける利害関係者）資本主義に重点を置きながら、企業が労働者や地域社会、環境を含むすべてのステークホルダーのために価値を創出していく。

◉技術革新の活用

人工知能（AI）、ブロックチェーン、デジタル通貨などの先進技術を活用し、経済をより効率的で透明性の高いものにする。

◉持続可能性と気候変動

グリーン技術や再生可能エネルギーに投資することで、低炭素経済への移行を推進し、パリ協定などの国際的な取り組みを遵守する。

こうした目標は前向きで、今の世の中に必要であるとされる一方で、グレートリセット自体は基本的に個人の自由の侵害や中央集権的な統制へつながりかねない危険な仕組みであるという懸念が沸き上がっている。

グレートリセットは単なる転換点ではない。しかも、そのさきがけとして2025年に大きな世界的変化が訪れるという予言的なシナリオと結びつける説がある。こうした方向性の仮説は陰謀論や宗教的終末論、代替的精神運動など、さまざまな解釈がさまざまな角度から発信されている。ひとつひとつの要素が予言的な性格を帯びているのだ。予言の妥当性もしばしば議論の対象となるが、根本にあるのはディストピア的な未来に関する予言、もっと詳しくいうなら世界規模での統治とテクノロジー主導型の未来社会についての不安感が反映されたものとなっている。

予言的要素の論拠として、聖書の『黙示録』に記されている終末の時代の描写が用いられることもある。世界の力がひとつの場所に集約され、広範な苦難がもたらされる時代がやってくる。グレートリセットが目指す世界的協調、デジタル通貨、中央集権的な経済改革が、『黙示録』の予言の一部として解釈される。

敬虔なクリスチャンの一部には、デジタル通貨やＡＩベースのガバナンスシステムの普及が「６６６の獣の刻印」予言の前兆に違いないと信じて疑わない人たちがいる。

デジタルID（デジタルIDや暗号通貨ウォレットと推測される）がなければいかなる形の売買も成立できないというシステムの構築に対して、より中央集権的な金融システムや日常生活に結びつくプログラムが導入され、プライバシーや自律性の制限が進む可能性が指摘されている。こうした体制の基盤は2025年末までに完成するという〝予言的〟予測もある。

グレートリセットの持続可能性と世界統治も、聖書に示された「唯一の世界政府」という言葉が宿す意味合いに一致し、世界情勢に大きな影響を与える指導者やシステムの登場の前兆と見なされることがある。

「唯一の世界政府」としての新体制が構築されてしまえば、デジタル技術がより効率的な形の統治を可能にし、これまでの時代になかったような形の監視や統制が行われるようになる。聖書の記述を基にしているため、かなりキリスト教原理主義的なものの見方であることはまちがいないのだが、それだからこそ自由と統制の間で世界が選択を迫られるキリスト教終末論におけるテーマと重なり合う部分が大きくなる。

WEFが推進するデジタル通貨や、一部の国ではすでに導入がかなり具体化しているデジタルヘルスパスポート、そして日本でもかなり進化したリモートワーク技術を、より統制された社会への道標と見なしている人たちもいる。こうしたシステムによって自由が制限され、行動が監視され、政府の命令に従うよう強制するために使われる可能性があるというのだ。

グレートリセットを批判する人たちは、2025年から「スマートシティ」構想（ICT＝インフォメーション・アンド・コミュニケーション・テクノロジーを活用して都市全体の管理を行い、全体的最適化を図る取り組み）の普及が加速し、監視技術やAI駆動型のシステムによって都市生活が管理され、資源の配分や公共行動の方向が決められていく可能性があると予測している。

こうしたシステムによって個人レベルの移動が追跡され、社会的信用スコアやデジタルIDに基づく形で公的サービスへのアクセスを制御するために利用されることも十分考えられるとする主張もある。こうした主張は、予言的なニュアンスで受け容れられることもある。

予言的要素を軸にして考える限り、グレートリセットと2025年という組み合わせで浮かび上がってくるのは、ジョージ・オーウェルの『1984』で描かれていたような監視社会を中核とするディストピア的未来でしかない。ものごとが現状通り進む限り、好むと好まざるにかかわらずグレートリセットは必ず訪れる。実際、大きなキーワードのひとつとなっているスマートシティ構想も着々と進行している。

変革の可能性は、決して低くはない。それと同時に、さまざまなリスクもある。グレートリセットがもたらすものは進歩か、混乱か。これを見きわめるだけでも、2025年が重要であることはまちがいない。10年後の人類が迎えているのは、新しい繁栄の時代だろうか。あるいは世界レベルの統治が実現した世の中だろうか。

環境災害：気候変動の転換点

ここ数年、世界レベルで異常気象が続いている。2024年の夏の暑さは近年まれに見る厳しさで、日本では10月に入っても真夏日が出るレベルだった。ほかの章でも触れているように災害レベルの山火事が多発し、日付変更線付近から南米沿岸にかけての海域の海面水温が1・5～2・0度以上高い状態が長く続くスーパーエルニーニョ現象との関連性も指摘されている。

2025年は、一部の科学者や環境活動家が唱え続けてきたように、気候変動の転換点となるのだろうか。こうした懸念は年々高まっており、大きなスケールでの生態系や人間社会全体に壊滅的な状況がもたらされる危険性がにわかにリアリティを帯びてきている。まずは、現状を整理しておこう。

◉気温上昇と極端な天候

近年、記録的な熱波、山火事、激しい嵐が相次いで発生している。2020年代に入ってからヨーロッパや北米地域での極端な熱波や熱帯低気圧、またハリケーンの激烈化など、かつてないレベルの気象現象の傾向が顕著だ。こうした傾向が2025年以降も続く場合、より深刻な気候関連災害の頻発は避けられない。この原稿を書いている時点で、100年に1度の大型ハリケーン〝ミルトン〟がアメリカのフロリダ州を直撃し、550万人に避難命令が出されるという事態になっている。2005年にルイジアナ州を壊滅状態に追いやったハリケーン〝カトリーナ〟と同様か、それ以上の被害が想定されている。ミルトンは、2025年以降の天候の傾向を物語るものなのだろうか。

◉氷河・氷床の融解

極地は地球全体平均の2倍以上の速さで温暖化が進んでおり、氷河や氷床の融解が加速している。そして、これは極地に限った現象ではない。気候変動による氷河の融解を受け、スイスとイタリアはアルプス山脈にかかる国境線の一部を変更した。

極地の氷が解ければ海面が上昇し、数多くの沿岸都市が脅威にさらされる。一部の科学者は、南極の氷河の崩壊の傾向が不可逆的になる分岐点が2025年であるとしている。これが原因となって急激な海面上昇が起こり、数百万という人々が移住を余儀なくされるかもしれない。そうなれば、地球レベルでバランスの崩壊が起きるだろう。

◉生物多様性の喪失と生態系の崩壊

森林破壊、汚染、気候変動によって多くの種が絶滅の危機に瀕している。サンゴ礁や熱帯雨林などの生態系の劣化が、世界の食料安全保障、漁業、人間の健康に悪影響をもたらす可能性は否めない。

環境危機が転換点に達するのが2025年なら、気候難民の激増も懸念される。海面上昇や砂漠化、極端な気象変化により、多くの人たちがそれまで住んでいたところに住めなくなってしまうというシナリオだ。こうした状況が本当に起きれば、比較的温暖な地域に位置する国々は移民の受け入れと限られた資源管理に苦しめられることになるだろう。

差し迫った環境問題に対処できなければ、地域ごとの不平等も顕著化する。温室効果ガス排出の責任が少ない、貧しい地域が気候変動の大きな影響を受ける一方で、豊かな国々は変化する状況への適応に苦慮することになるだろう。

科学的データや昔から語られている予言の内容を総合して考えると、2025年は環境災害がさらに激烈化する可能性があるという憶測が広がっている。少なくとも環境災害関連の予言に関して特別な意味を持つ年になると思っておいたほうがいいのかもしれない。

異常気象が原因で起きる壊滅的な出来事に関する予言は、かなり昔から語られている。聖書の黙示録はいうまでもなく、前の章で触れたホピの予言もノストラダムスの四行詩の数々も、こうした出来事に関するものが目立つ。21世紀以前の時代では比喩的あるいは象徴的な意味合いで解釈されていた数々の予言が、急速な気候変動と環境悪化を受け、現代的な視点から再解釈されているのが事実ではないだろうか。

この種の予言は、地震や洪水、気候の激変などについて語られたものがほとんどだ。たとえばホピの予言には、地球が傷つけられ、水が黒くなり、生命を維持することがままならなくなる時期について語られたものがある。これと同様に、聖書の預言にも災厄の時期に関する描写が記され、疫病や飢饉、自然災害が新しい時代の幕開けを告げるとされている。2025年に向け、こうした警告が現在の環境問題とかなりの多くの部分で合致するように感じる人も少なくない。さまざまな事象を自己実現的な感覚で解釈し、自己実現的であったとしても、予言が成就したと認識してしまう人もいるだろう。

2025年を軸にして考えると、2024年までの傾向の継続として山火事の頻発、海面上昇、不安定な気候パターンの増加はホピ族のビジョンが現実化した証拠であるとする意見がある。2023年から続く異常気象は、自然界が数十年にわたる環境の無視に対する反応を示唆したものであり、予言に示されたように、地球が自らを浄化しているというのだ。

2025年は、自然災害という側面から考えても大きな岐路になるのかもしれない。古代の予言や現代科学、そして伝承の内容をひとつにまとめて考えると、環境を無視した結果が顕在化する時期が近づいている可能性が否めない。

有名美術館に忍び込んで所蔵されている絵画にペンキをかけたり、調査捕鯨船を洋上で攻撃したりする過激な環境保護団体や、大規模デモを行って身柄を拘束される若い環境活動家の言葉にさえ、より真剣な態度で耳を傾けるべきなのかもしれない。

2025年の環境災害の可能性は、単なる予測ではなく時代を超える傾向にほかならない。そしてひとつひとつの事象は、人間も地球も、まだ戻れるうちにあるべき姿に戻るべきであるという事実を示すバロメーターのようなものなのだ。このままいることで何が起きるのか、あり方を変えることで何が起きるのか、何もわからない。ただ、この項目で例示したように、あらゆる種類の予言の内容とシンクロする事態が現実に起きているところを見ると、2025年は転換の年としてとらえるべきなのではないだろうか。

パンデミックは本当に終息しているのか

シルビア・ブラウンというアメリカでは人気だった霊能者がいた。『Montel』という全米ネットの昼間のトークショーにも準レギュラーという扱いで出演し、会場を訪れた観客や電話をかけてくる視聴者の相談に乗っていた。彼女が亡くなったのは

2013年11月だ。

2020年3月12日、キム・カーダシアンというアメリカのセレブが、次のような文章をツイッターで紹介した。「2020年頃、重症の肺炎のような症状の病気が世界中に蔓延する。肺や気管支に損傷を起こすこの病気には、既存の治療法では効果がまったくない。病気自体についてもわからないことが多いが、不思議なのは、発生と同じくらいの速さで消え去ってしまうことだ。そして10年後に再び現れ、その後完全に消える」

この文章は、シルビア・ブラウンの著書『End of Days』(『シルビア・ブラウンが視た世界の終わり：END OF DAYS 終末予言と天啓』)という本からの抜粋だ。77歳で亡くなったブラウンは、アメリカでは知らない人がいないほどの知名度を誇っていた。ブラウンのファンなら、この予言めいた文章についてもちろん知っていたはずだ。それに加え、フォロワー数6500万人を誇る現代アメリカ社会のアイコンとして認知されているセレブによるツイートが『End of Days』の知名度を一気に上げた。スピリチュアリティにまったく興味がない人々も含め、世界中で知られるまで大した時間はかからなかった。

『End of Days』の初版は2008年に出版されたが、このさきがけとなるような文章もある。2004年に出版された『Prophecy: What the Future Holds for You』という本に、次のような文章があるのだ。

〝2020年までに、それまでの時代では考えられなかったほど多くの人たちが、公共の場で手術用マスクとゴム手袋を装着するようになる。これは、重症の肺炎のような症状の病気の世界的蔓延への対策である。肺や気管支に重度の損傷を起こすこの病気には、既存の治療法では効果がまったくない。病気自体についてもわからないことが多いが、最初の蔓延が訪れた冬の後、10年以内に感染源と治療法が明らかになった後、完全に消える〟

『End of Days』に記された文章に酷似している。ならばシルビア・ブラウンは、2004年の時点で新型コロナウイルスのパンデミックを感じ取っていたのだろうか。

ここで挙げた要素だけをフックにして新型コロナウイルスのパンデミックが終息していないことを示そうとは思っていないのだが、予言の文章として禍々しい響きを感じ取るのは筆者だけではないはずだ。

この原稿を執筆している時点でも、ワクチン接種に関する都市伝説的、あるいは陰謀論的な話が後を絶たない。日本国内で接種が開始される新種のワクチンに対してもさまざまな噂が駆け巡っており、製造に関わった人たちの暴露本も出版されている。こうした状況を見る限り、パンデミックはまだ終息していないことを実感してしまう。最盛期に比較すれば、感染そのものは完全に近い形で抑えられているといっていいだろう。しかし、事象としては終息からはほど遠いのではないだろうか。

そして、パンデミックの発生を2004年の時点で予言していたシルビア・ブラウンは「10年後に再び現れ、その後完全に消える」としている。WHOが「国際的に懸念される公衆衛生上の緊急事態」（PHEIC）の宣言の終了を発表したのは2023年5月だ。このタイミングを起点に考えれば、パンデミックは2043年5月に再び訪れることになる。あくまで予言が正しければの話だが、2020年のパンデミックを予言して文字化し、それを的中させたブラウンの言葉にはある程度の重みを感じざるをえない。

厳密な意味での予言ではないが、ディーン・クーンツの1981年の小説『The Eyes of Darkness（闇の眼）』には、「Wuhan（武漢）-400」という名前のウイルスが中国の武漢市で発生するという記述があり、一時期ネット上で大きな話題となった。小説の中で、武漢400は人為的に作られた生物兵器として描かれている。こうした描写が発生地の類似性から陰謀論や予見があったのではないかという噂が広まった。

宗教文書や予言者の言葉、そして民間伝承から発した広範囲で伝染する病気に関連する逸話は数多く存在する。黒死病やスペイン風邪、そしてもちろん新型コロナウイルスのパンデミックにさかのぼって、さまざまな形で語られる場面も多い。

この本の最初の章で紹介したノストラダムスも、パンデミックが継続するという明確な表現ではないものの、「災害」や「困難」についての一般的な言及が、病気の波や再発の可能性を示唆していると解釈されている。

ババ・ヴァンガの予言に関しても同じことが言えるはずだ。かつて「コロナ」という言葉を使ったことがわかっている。そして、「新たな病気の波」について言及したとする主張もある。ただし、新型コロナウイルスのパンデミック継続についての予言に関する詳細な記録は残されていない。

世界的な出来事に焦点を当てる占星術師の中には、パンデミックが2020年代中盤まで社会に長期的な影響を与えると予測する人もいる。現状を考えれば、ワクチン接種も含めてこれだけの余波があるのだから、ある程度以上的中しているといえるのではないだろうか。

2020年代初頭のパンデミックはなんとか乗り越えた。しかし、シルビア・ブラウンの予言が正しいとすれば、約10年後に新しいパンデミックが発生することになる。これまでの時代では考えられない生活様式を強いられた日々を思い出すたびに、彼女の予言の文言が間違っていることを心から願ってしまうのだ。

第三次世界大戦は現実となるのか

2022年2月、2023年10月と2年続けて世界全体に影響を与えるような局地的紛争が起きた。ウクライナ紛争とイスラエル・パレスチナ紛争だ。いずれもまったく出口が見えず、ウクライナ紛争はNATO、イスラエル・パレスチナ紛争は近隣諸国を巻き込みながら大規模化している。

第三次世界大戦という禍々しい響きの言葉にある程度以上のリアリティを感じる人たちの数も、時間の経過とともに増加しているようだ。第三次世界大戦は、長い間予言の対象となってきた。聖書から現代の陰謀論に至るまで、多くの人々が、進行中の世界的な紛争を全地球規模の戦争のきざしと見ることは珍しくない。だからこそ、現在、注目が集まっているイスラエル・パレスチナ紛争とウクライナ紛争は、勃発当時から第三次世界大戦に関する予言と直接的に結び付けて語られることが多い。

聖書の記述に特別な意味合いを読み取るのは、キリスト教徒だけではないようだ。世界規模の紛争に関する予言の中で最も多く引用され、さまざまな形で解釈される。『エゼキエル書』の38章と39章では、預言者エゼキエルが終末の時代にイスラエルに対して立ち上がるゴグとマゴグの戦いに関する言葉が綴られている。対決機軸がイスラエル対パレスチナに置き換えられるのも、無理はないのかもしれない。ちなみに、イスラエルを巡って今起きている出来事はエゼキエルの幻影が実現するきざしとされている。

さらに、新約聖書の『ヨハネの黙示録』には救世主の到来に先立つ大戦についての記述がある。「ハルマゲドン」として知られる最終戦争に関する記述だ。この戦いはしばしば善と悪の戦いとして解釈され、中核に据えられているのはイスラエルだ。

政治的・社会的混乱を引き起こしている現在のイスラエル・パレスチナ紛争を、黙示録的シナリオの前兆としてとらえている人たちの数は想像以上に多い。アメリカ、ロシア、イランといった国々がイスラエル・パレスチナの紛争に巻き込まれていく中、第三次世界大戦という言葉がより現実味を帯びてきていると感じても無理はないはずだ。

一方、イスラム教の終末論にも世界的な戦争と混乱に関する予言が多く含まれる。「マルハマ・アル＝クブラ（大戦）」という概念は、キリスト教でいうハルマゲドンと比較されることが多い。『ハディース』（預言者ムハンマドの言行録）に記された文章には、「この戦争に多くの国が関わり、救世主（マフディ）が現れる前に大きな苦難が訪れる」とされている。

イスラム教徒の中には、イスラエルやパレスチナ、および近隣のイスラム教国家の多くが関与する中東地域の緊張状態が、『ハディース』で示された終末論的なビジョンと合致するというコンセンサスが確立しつつある。彼らにとってイスラエル・パレスチナ紛争は予言の進展にほかならず、ならば、第三次世界大戦の勃発もむしろ〝必然的〟な出来事になってしまいかねない。

ノストラダムスの四行詩も、大規模な戦争に関する議論でしばしば引用されてきた。内容は曖昧なことが多いのだが、第二次世界大戦を含む大規模な世界紛争を予見していたと認識されている。第三次世界大戦の可能性に関しても、21世紀の地政学的な状況に合致する紛争が含まれているとする意見もある。

ノストラダムスも「世界規模で起きる大戦」を予見しており、多くの国々が関わりながら世界を破壊することになると語っている。ロシアとウクライナの現在の関係は、ノストラダムスが語ったヨーロッパにおける戦争の描写と一致する部分がかなりあるといわれている。ウクライナ紛争に対するNATOの関与は、冷戦時代の緊張を復活させるものにほかならず、誤算や不必要な形で状況がエスカレートするリスクが高まっている状況を表すものにほかならない。

ここからは、より大きな紛争に発展する可能性がある地政学的緊張という視点から考えてみたい。この紛争は領土問題から始まって宗教的対立、そして国家主権と自治権を巡る根深い歴史的背景を抜きにして語れない。さらにいうなら、地域的紛争が世界に大きな影響を与え、国際的分断が生じつつある。かなり特異な例であるとする意見も多い。

この原稿を執筆している時点で、イランはすでに当事者として組み込まれてしまった。レバノンも同じだ。サウジアラビアやトルコなど、近隣地域の国々がより直接的な形で紛争に関与していく可能性も高まった。冷戦時代は「一国が共産主義化すれば隣接する国家も次々と共産主義化していく」というドミノ理論が展開されたが、ハマスのイスラエルに対する越境攻撃が引き金となって、中東地域で「第三次世界大戦へつながるドミノ効果」が起きているのだ。現時点での地政学的な見立ては、キリスト教であれイスラム教であれ、聖典に記されている予言の内容とほとんど変わらない。そして、この原稿を書いている時点で核兵器の使用も話題に上るようになっている。

2022年に劇的にエスカレートしたウクライナ紛争は、冷戦後の秩序を揺るがす転機と見なされている。この紛争はロシアのウクライナ侵攻と、それに対する西側諸国の支援を中心に展開しており、国際的な同盟関係を再構築し、ヨーロッパの安定が脅かされている。アメリカとヨーロッパの同盟国が率いるNATO軍とロシア軍の代理戦争と解釈されることが多く、さらには核戦争へ進展していく可能性も秘めている。

予言的視点から考えるなら、この紛争もより広範な世界戦争の前兆と解釈されている。特に、アメリカとロシア両国が大規模核兵器を保有している事実が懸念を高める原因になっている。予言を信じる人々にとって、ウクライナでの軍事的緊張と経済制裁、そしてイデオロギーの対立は、どれをとっても出来事に向かっていることを示す予兆にほかならないのだ。

第三次世界大戦が勃発する可能性に関して考えられるひとつのシナリオは、イスラエル・パレスチナ紛争とウクライナ紛争に関する緊張度が同時に高まってしまうことだ。すでにイランを巻き込んだイスラエルが他のイスラム教近隣諸国を巻き込み、さらに西側諸国がウクライナへの軍事支援を強化すれば、文字通り世界規模での対立機軸が構築されてしまうリスクが高まる。ＮＡＴＯとロシアの対立が、ウクライナの国境を越えてエスカレートする可能性も否めない。

世界レベルの混乱に乗じて中国が行動を起こし、ロシアとの同盟や台湾を巡る緊張に積極的な姿勢を見せる可能性もある。これにより、複数の核保有国が関与する多方面の戦争が発生し、宗教的・世俗的な予言に描かれる破滅的なビジョンと完全に一致する状況が生まれてしまうかもしれない。現代でこのような大規模な戦争が勃発すれば、軍事的レベルでの破壊だけでなく経済的、人道的、環境的にも想像ができないほどの影響がもたらされるにちがいない。

イスラエル・パレスチナ紛争とウクライナ紛争を軸に考えた第三次世界大戦勃発の可能性は、さまざまな予言の伝統、陰謀論、文化的ナラティブと重なり合う部分が多い。地政学的リスクがこれまでにないほど高まっていることは明白だ。２０２５年に入って状況が劇的に良化するとは考えにくい。数ある予言が指し示す方向性の中でも、最も恐ろしいのがこの項目で紹介した状況だと思うのだ。そして残念ながら、解決策が見つかる可能性は日々低くなっている。

あとがき

本書を書かせていただくにあたり、意識したのはバランスだ。まえがきでも触れたとおり、不必要な形でスピリチュアリティに偏りすぎることなく、また危機感を煽るだけにならないよう心がけたつもりだ。予言の本というと、どこかおどろおどろしい響きが否めない。それは執筆過程でも実感した。筆者としては、事実を事実として紹介し、それに複数のソースから得た情報を基にした解釈を加えるというスタイルを取ることにした。もちろん、私的な見方や思いを盛り込んだ部分もある。

過去を悔やみ、未来を恐れることは無駄な行いであるとよくいわれる。確かに、それだけしかしないのなら、今という時間はまったく無駄になるだろう。過去のパターンを確認し、それを当てはめながら将来を予見するプロセスとはまったく違う。ここ数年の世の中の動きを見ていると、予言は予見に近いものになっているような気がする。本書を書き終えた今、そういう感覚がさらに強まっている。

筆者は、2025年に人類と地球が終わりを迎えることはないと考えている。しかし、たとえば30年後、2024年までの世界との境界線となった年として認識されている可能性は十分にあると感じるのだ。そのときの自分と今の自分の間には、どのような認識の差が生まれているだろうか。その中で、予言はどのように位置づけられているのだろうか。筆者が30年後まで生きていることは断言できないが、もし可能なら振り返って確認したい。

最後になってしまったが、この本を手に取ってくださった方々に心から感謝する。そして、本書の出版に尽力していただいた笠間書院の吉田浩行氏、精力的に編集作業に取り組んでくださった山口晶広氏にお礼を述べさせていただき、あとがきとさせていただく。

宇佐和通（ウサ ワツウ）

1962年、東京都生まれ。東京国際大学卒業後、南オレゴン大学でジネスコースを終了。商社、通信社勤務を経て、翻訳家・ノンフィクション作家に転身。著書に『あなたの隣の「怖い噂」』(学研)、『都市伝説の真実』『都市伝説の正体』（ともに祥伝社)、『THE　都市伝説』(新紀元社)、翻訳書に『エンジェル・アストロロジー』(JMAアソシエイツ)、『「ロスト・シンボル」の秘密がわかる33のカギ』(ソフトバンククリエイティブ)、『死刑囚　最後の晩餐』（筑摩書房）などがある。本書は、小社から刊行された著者の『陰謀論の闇』（2024年1月刊)、『AI時代の都市伝説』（2024年6月刊）に続くシリーズ三部作の完結編である。

5人の予言者と
2025年からの恐怖の地球未来図

2025年 1月5日　初版第1刷発行

著者　宇佐和通
発行者　池田圭子
発行所　笠間書院
〒101-0064　東京都千代田区神田猿楽町2-2-3
電話：03-3295-1331　FAX：03-3294-0996

ISBN 978-4-305-71033-8

装幀・デザイン　井上篤（100mm design）
カバーイラスト、1章～5章イラスト　斉藤高志
6章、8章、9章イラスト　高松啓二
本文組版　マーリンクレイン
印刷／製本　倉敷印刷

乱丁・落丁本は送料弊社負担でお取替えいたします。
お手数ですが弊社営業部にお送りください。

https://kasamashoin.jp

好評既刊

信じられないかもしれませんが、
こんな話、知ってますか？

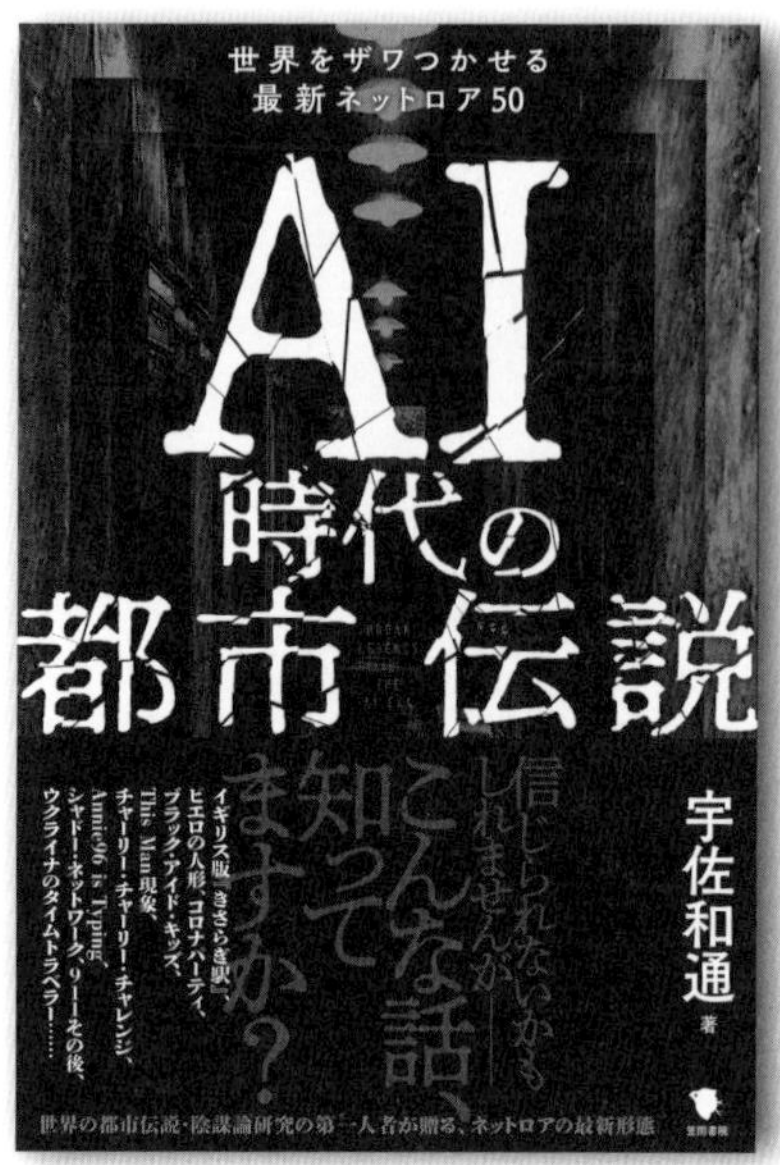

AI時代の都市伝説

世界をザワつかせる最新ネットロア50

宇佐和通 著

世界の都市伝説・陰謀論研究の第一人者が、ネットロアの最新形態を徹底分析！

イギリス版『きさらぎ駅』、ピエロの人形、コロナパーティ、ブラック・アイド・キッズ、シャドー・ネットワーク、ウクライナのタイムトラベラー、911その後、来なかったベビーシッター etc.

定価1870円（税込）ISBN978-4-305-71014-7